生命，因閱讀而大好

金昞秀 김병수——著
黃莞婷——譯

脆弱也沒關係，好好療傷的溫柔練習

從接納到拯救自己，給總是受傷的你

상처는 한 번만 받겠습니다

CONTENTS 目錄

Chapter 1

打開診療室的門：那些盤據人生的心靈雜症

Chapter 2

診療室裡的風景：修復傷口的日常練習

Chapter 3

走出診療室：尋找美麗人生的路徑

Chapter 1

打開診療室的門：那些盤據人生的心靈雜症

我看診的時候，
比起患者所說的抽象想法，
我更注意患者的一天過得怎樣。

我們活在一個冷酷的世界

時常有內心柔弱想變強大的人來找我，我通常給予以下回應：「心靈柔弱不是問題，包括我在內的所有普通人，內心都像是咖啡杯，無論我們如何掙扎，都不可能讓它變成冷麵碗。」

也許有人會批評我的建議毫無用處，那麼我再補充一句吧。

「我們更該慶幸自己的內心不是燒酒杯，所以請好好生活吧！」

這句話有多重涵義。就像再怎麼打磨玻璃杯，它也不會變成鐵製的冷麵碗一樣，人心本質是不會改變的；因此，無須勉強自己花費力氣去改變，珍惜並愛護原本的自己就好。這句話看似說給別人聽的——那些向我傾訴煩惱、分享所有情緒的來談者——實際上，也是我給自己的建議，希望藉此激勵脆弱的我。

有時候想到我能當上精神科醫師這件事，就感到相當神奇。我又小又脆弱的心靈飯碗，真的能承載人們的不安和憂鬱嗎？如果有人看到這裡，問我怎麼有辦法當醫生當到現在，我恐怕也給不出明確的答案。每當這種時候，我會向自己唸咒語。

「心靈脆弱也沒關係。」

一開始，我認為將這些連自己都無法實踐的建議寫成書，之後可能會因為太愧疚而無法翻閱。不過我安慰自己，不是只有十全十美的人才能出書，所以堂堂正正地寫吧！雖說如此，我現在看見自己寫的文章，還是會臉紅發窘。

我們常說目光要放遠、心靈要變強大才行，談何容易呢？成熟度沒能隨年齡增加也不用自責，反正人類全是不良品；而且不會因為年紀變大，就出現得以修好不良品的方法。修不好，我們照樣能過得好。

轉眼間我已過四十歲，我的心卻依然脆弱。每次遇到難關，總會祈禱自己能從容接納一切，然而我的願望從沒實現，至今我仍以脆弱之心勤苦地生活。

心剛硬如鐵，人生就能走上康莊大道嗎？並非如此。

我當精神科醫師近二十年，遇過很多來談者說：「我生性樂觀，從沒想過自己會因壓力太大而睡不著。」也見過看似心被插上利箭也能若無其事的人，卻流著淚說：「我想死。」更曾親眼目睹一些人的鐵石心腸，如何被天外飛來的石頭砸得扭曲變形。

人心脆弱是正常的。人必須活在千絲萬縷的人際關係中，也是因為我們是脆弱的存在。相反地，剛者易折，受傷時還會加倍疼痛。如果希望跌倒後不會傷筋動骨，那平常就得培養身體的柔軟度；同理，想擁有一顆堅強的心，也得培養心的柔軟度才行。我們的心要夠柔軟，才能在遭遇難關時不折不撓、重新爬起。

不過，與其自我鞭策「你一定得做到」，溫柔地撫慰自己「要是能做到就好了」，這樣會更好，心才能變柔軟。真正擁有強大心靈的人，不會說出「不完美就是失敗」這樣的話，而是會說「我對全力以赴的自己感到驕傲」。

話是這麼說，但我也不喜歡被人發現心靈脆弱。我是一旦相信一個人，會很快與那人變得親近、掏心掏肺的個性，但這往往讓我受內傷。直到承受背叛之痛後，我才醒悟，原來把脆弱心靈展露人前會遭人輕視。人們之所以痛下決心想改變脆弱心靈，是因為無法再承受背叛，是被逼到了絕路、想求生存的迫切感；是因為暴露脆弱本性會招致傷害，才想用堅強武裝自己；是因為希望變得堅強的心，能避免下一次的傷害。

然而問題不在我們脆弱的心，而是對脆弱心靈冷漠以對的世界。人們將活在險惡的世界視為理所當然，因此會反過來檢討無辜的心。與其建議這些人「不要太脆弱」，我更想對他們說「脆弱也沒關係」，並且奉勸「不要讓自己內心赤裸地活著」。我希望，我們可以活在一個就算表露脆弱的心也不會受傷的世界。

這樣的世界，何時才能到來？

成熟度沒能隨年齡增加也不用自責，反正人類全是不良品。

無精打采也是傳染病

沒想到有這麼多年輕人，來向我抱怨倦怠狀況。自從診所開業，我常碰到年輕患者傾訴：「好累，我沒有任何動力，我什麼事都不想做。」起先我以為是診所周遭有許多大學重考生和年輕上班族的緣故，直到我觀察時下趨勢後，我的想法出現改變——說不定年輕人的慢性倦怠症候群是一種「社會傳染病」。一名看起來很用功的資優生，在我跟他分享各式各樣的話題後，他卻說：「我沒有想做的事，也不想特別找事做。」還有一位平日相當勤勞負責、在大企業上班的年輕人告訴我，他下班常常癱倒在家裡，什麼都不想做，他說：「我就像吸滿水的海綿，已經耗盡氣力了。」至於求職者的無力感，更是眾所周知，無須我再補充說明了。

憂鬱症、焦慮症年輕患者的病例數大幅增加，並不尋常。雖說我只是區區一名精神科醫師，沒資格對國家的未來指手畫腳，但每次我見到失去活力的年輕人，總會擔心起韓國的未來。

現在的年輕人，心是不是被「受傷的恐懼」占據了？他們從學生時代起就因學業競爭受到極大的精神折磨，後來又歷經大學入學考與就業的反覆挫折，是否由此心生恐懼、害怕尚未癒合的傷口再次流血才退縮不前？還是因為小時候沒受過太大的傷害，所以提前恐懼失敗和挫折？

倦怠，是一種自我保護的心理防禦機制；因為如果抱著期許深入這世界，很可能遭遇失望與挫折。因此，「如果什麼都不做，就不會難受」這種下意識的想法就會冒出來，抵消年輕人追求事物的欲望。倦怠不是欲望問題，而是心理迴避的反應。

完美主義會導致有氣無力，渴求完美的欲望會造成緊張和失誤，對完美的貪念則會讓人陷入疲憊不堪的狀態。完美固然好，但現實並不存在完美；失誤、失敗與意外的挫折，才是人生的一部分。倘若人生是一條地毯，那麼它不是平整無縫線的，而是用碎布修補破洞而成的。

行為主義心理學將欲望低落視為陷入「不活動陷阱」（Inactivity Trap）。因壓力過大而減少行動，導致正向情緒經驗的缺乏，在此情況下，做事的欲望會消退也是理所當然。接觸能強化積極性的事物才能產生欲望，然而年輕人卻因疲憊躺平床上，當然感受不到快樂。不快樂，就沒有欲望與動力。

那麼，該如何改變人類行為呢？倦怠是人人都可能面臨的問題，也是心理學老生常談的話題，至今學術界持續發表動機相關的新理論（雖然我不確定是否為新觀點）。如果把說明人類動機的各種理論歸納整理，會發現基礎論點大同小異。在我看來，「自我決定論」是最合理的理論。它的論點很簡單：個體有決定權，能根據內在動機進行選擇，並與認同自身情緒和價值的他人合作，相信自我能力可以帶來改變。用三個關鍵詞概括，就是自主、歸屬和勝任。在教學現場流行的「自我導向學習」，也源於自我決定論。

想賦予動機，就要看到自我行為和該行為結果之間的關係……人進行某行動時，如果不能確信該行動會帶來想要的結果，就不會被賦予動機……當行動無法帶來想要的結果，人們也無法獲得做該行動的動機。

——《內在動機》，愛德華・L・德西（Edward L. Deci）

從這個觀點來看，倦怠不是因為缺乏自尊，而是因為缺乏自我效能感（Self-efficacy），喪失信心，不相信自己有改變現狀的能力，最終積累成日常倦怠感。「習得性無助」的原理也差不多，如果某人求職屢戰屢敗，在認知到「不管我怎麼努力，都無法如願」的情況下，想擺脫倦怠狀態的念頭就會消失殆盡。因為接二連三的挫折，會使他習得無助感。

倦怠的常見療法之一是「慈悲焦點治療」（Compassion Focused Therapy）。該理論的初創人保羅・吉伯特（Paul Gilbert）對情緒調節的解釋為：「人感到不安時，傾向於希望獲得他人的安慰來穩定情緒。倘若這項需求獲得滿足，此人就能進行實現目標和價值的行動。」然而，若是在缺乏歸屬感的情況下，急著尋求各種刺激的行動，像是沉溺酒精、賭博和暴飲暴食等，則會增強不快情緒，最終演變成倦怠。我們會對接受我們存在的人產生親近感，從而做出實現長期價值目標的行動，當這些行動集結起來，我們就會充滿生命力。

總歸一句，「做就對了」(Just do it)。去做自己想做的事，「做就對了」，縱使不能盡其完美，可能會失敗、挫折、受傷或痛苦也沒關係。我當然知道，給無精打采的來談者這種說易行難的建議會加深他們的壓力，但如果我不說，他們會落入名為倦怠的圈套裡。如果來談者希望不要再陷入日復一日的低潮倦怠，那就得堅守基本原則。反之，如果因為不想被人看見自己提不起勁的躺床模樣，而逃避人際關係、故意抗拒地說「我就沒力氣啊，要怎麼動起來」，那麼復原的速度也會變慢。

欲望不會自動生成。這個世代的年輕人因為讀書和工作而精疲力竭，確實需要充分休息，但光靠休息是無法找回欲望的。別害怕自己的不完美，也別怕受傷，唯有縱身跳進這世界，與之搏鬥，方能重獲欲望。

完美固然好，但現實並不存在完美；失誤、失敗與意外的挫折，才是人生的一部分。

厭世主義者的生存之道

懂得活在當下，懂得善良地活在此刻，懂得珍惜路邊每一朵花、生命裡每一刻微小樂趣——這種人的人生是不會受傷的。

——《荒原之狼》，赫曼・赫塞（Hermann Hesse）

我有一位老病人是企業高層，每次與她坐下來面對面諮商時，我常搞不清楚我是醫生，還是來被她逗笑的人。不管是夫妻吵架、公司遇到不好的事、恐慌症加重，或是年邁母親被病痛折磨的時候，她永遠不失幽默。在我以為絕對不可能開玩笑的情況下，她還是會露出像美國影集《六人行》演員的表情，瞇著眼，語帶玩笑地說：「我好像可以去寫情境喜劇了？」她能做到這地步，不是因為她經歷的都是雞毛蒜皮的小事，或是她不認為這些事值得難過；她之所以能忍受無數傷痛，是因為她獨有的幽默感。我們會一起大笑，然後她會說：「心情本來很沉重，現在輕鬆多了！」於是就打道回府了。

某天，一位十多年前來找過我諮商的女性專程上門，將她的博士學位論文送給我。最後一次見到她是六、七年以前，那之後她沒再找過我諮商。這段時間裡，她順利通過學位論文的審查，完成碩、博士課程。她在大學主修音樂系，後來又拿到人文學碩士，並在年近七十歲時拿了博士學位。她常說：

「浮生若夢，人總有一死，幹嘛活得那麼努力？」

她自稱厭世主義者，認為人生沒有意義，也不打算改變這種態度。不管我和她進行什麼樣的對話，結論都如出一轍——「人生虛無，沒必要努力生活。」

我總是說不贏她的邏輯，況且我進行的也不是多了不起的心理療程。不過，她卻堅稱她能拿到博士學位，部分是受到我的影響。哎，我怎麼想都想不明白。我雙手捧著她的學位論文，回想我們過去到底聊過什麼，我又說了些什麼。可是不管怎麼想，我都不覺得是我改變了她。

歷盡艱辛的她能走到今天，全因她是個開朗的厭世主義者。無論是生氣時提高嗓門，或是憂鬱時胸口灼熱，她的微笑一直都在。她說過很多悲觀的話，卻始終滿臉笑容。她的服裝非黑即白。我之所以能接納她釋放出的虛無主義訊息，是因為她不曾停歇的開朗氣息。

有些生活難題，不論我們怎麼絞盡腦汁還是找不出答案，比方說：

——要做喜歡的事，還是做擅長的事？

——結婚好，還是單身好？

——公職考試落榜兩次，要繼續挑戰，還是去找工作？

——工作和個性不合，要離職，還是考量景氣不好再忍一下？

這些問題真的有答案嗎？我仔細傾聽來談者的故事，偶爾能得出結論，但大多數的長期煩惱、甚至煩惱到要看精神科的地步，往往是很難找到答案的問題。或許有些人生導師能隨問隨答，並提供解決對策，但我不是那種信手就能拈來答案的人——我越專心傾聽來談者的話，就越難回答他們的問題。

人們問算命師：「我該怎麼生活？」從算命師口中得到的答案，並不是問者自己的答案。我們跟人生導師進行諮商，回顧過往，人生導師替我們描繪未來，但那份未來並不存在真正為「我」著想的路。縱使字字精讀聖經或佛經，關於人生問題，我們永遠不會只得到一個答案。因為這世上不存在「人生就是這樣的」的答案。

我當過深夜電臺節目的嘉賓，當時對電臺ＤＪ的提問，我最常給的答案是：「那種煩惱是沒有解答的。」我想ＤＪ、製作組和聽眾應該不太喜歡一個精神科醫師說出如此掃興的話，但我也沒辦法。

「請不要找答案。人生沒有答案就是答案。」

說出這種話的我，總會被妻子數落。

「拜託不要像個中年大叔，越累越要講有趣的事，講讓人開心的事，你就是缺少這方面的幽默。」

沒錯，妻子的話對極了。

不論多悲傷，生命都會流逝。反正都會流逝，我們該哼歌走過悲傷，不要只會用悲傷的表情面對悲傷。人生一如颱風肆虐的大海，在疾風怒濤的船上哼歌，縱使無法平息風暴，最起碼能撫慰我們的靈魂。

縱使字字精讀聖經或佛經，關於人生問題，我們永遠不會只得到一個答案。

這份情緒不是「煩躁」

「很難忍住脾氣。」
「無時無刻不在流淚。」
「擺脫不了憂鬱。」
「內心很不安，心情無法平靜，很痛苦。」

因無法控制情緒前來求診的患者劇增。其實，這些問題的真相是「心不由己」，他們的要求有些共通點：
「請消滅我不愉快的情緒。」
「請不要再讓這種情緒出現。」

情緒沒有好壞之分，它永遠都是對的。負面情緒從來不是問題，是我們對自然生成的情緒採取負面反應，才由此感到痛苦。覺得憂鬱的時候，就直白地說「我現在很憂鬱」；如果自欺欺人地說「啊，好想喝酒」，憂鬱是不會消失的。如果因為公司的事心煩，坦白地說「我最近因為工作很敏感」就行了，要是摻雜個人情緒說「你是不是瞧不起我」，反而會讓問題變得嚴重。即便不滿職員的工作績效，想生氣地吶喊「不能好好做嗎？」之前，先在心中默念三次「我現在很生氣」，這樣有助於減少生氣頻率。簡單來說，不要逼自己控制情緒，先承認「我有這樣的情緒」。

想培養情緒調節能力，就要能細膩劃分出情緒之間的差異，並正確地形容它。如果用模糊的語言，例如以「每件事都很累」來形容情緒，就無法消弭不愉快的情緒。患有社交恐懼症（對上臺報告或舞臺感到不安）與憂鬱症患者，就比較不擅長區別情緒。憂鬱和不安明明是兩種截然不同的情緒，卻用「煩躁」一詞概括，會導致情緒無法輕易消失。憂鬱的成因，可能是離別後的悲傷，也可能是未能實現目標的挫折感，抑或是與內心深處的傷痛有關；如果用「就是很憂鬱」一言以蔽之，反而會使自己陷入更深的憂鬱中。無法正確地表達情緒，很容易養成一感到壓力就酗酒或暴飲暴食的惡習。假如懂得如何細分情緒，情緒調節就能變得容易。

情緒不會平白無故產生，其來有自，亦有目的。憤怒在欲望受挫時產生，在獲得想要的事物時消散；不安在感到威脅時產生，在覺得安全時消散；憂鬱在失去時產生，在尋回人生意義時淡化。情緒只有在目的獲得滿足後才能了結。

「我必須強大」的這種強迫觀念，使得人們慣用假情緒自欺。人們在不安時會發脾氣，這是因為不安被認為是弱者才有的情緒；而我們認為自己身為強者，絕對不會不安，因此除了否定真實情緒，也藉由發洩憤怒來掩蓋。自我主張弱的人因為害怕爭執，生氣時會哭泣，借助淚水迴避爭執。覺得人際關係很棘手的人，在孤獨時會用「一個人獨處舒服多了」，來掩飾與人建立親密感的需求。如果一直這樣下去，我們會離自己的真實需求愈來越遠，被壓抑的情緒日後會如火山爆發襲來。

情緒是驅動我們的能量。「情緒」（Emotion）這個詞源自於拉丁語「Emovere」，意思是「活動」。所有的情緒都有存在的理由，當我們察覺到情緒變化時，不妨自問：「這份情緒想告訴我什麼？我應該做出什麼相應行動？」無論何時，不被扭曲的情緒都會指明正確道路，沿此路走下去，將可朝氣蓬勃；背離此路，則空虛會如懲罰般找來。

負面情緒裡也隱含著訊息，請拋開「希望不要憂鬱！希望能消除不安！」的念頭，試著熟悉「和我的情緒對話」的姿態吧。時時刻刻和變化的情緒坦誠相對，比方說：

「不安，你和我一起度過很長的時間，老實說，和你在一起的時間，我不快樂，但我很感謝你。要不是你，我可能會變得冒失、傲慢。你交代我要小心，督促我變得慎重。沒有你，也許就沒有今天的我，可是我不能一直跟你相處，我還有很多事要做，我不想任你擺布，我今天想跟『確信』那位朋友一起度過，想和它一起做重要的事。」

如果各位因不安而內心動搖、憂鬱加深，不得不去精神科就診的話，與其對醫生說「請讓我變得不憂鬱，請讓我不要再感到不安」，不如問自己：「這份情緒想告訴我什麼？」好奇自身情緒的態度有益治療。從「這份情緒希望我怎麼行動呢？」的提問開始，找出情緒指引的、真正屬於你的道路吧。

所有的情緒都有存在的理由，不被扭曲的情緒將會指明正確的道路。

讓人更憂鬱的態度

生活中，我們最常聊天的對象是誰呢？媽媽？還是通常不會列入聊天對象的爸爸？在我們長大成人後，主要的談心對象是朋友，戀愛結婚後則是換成了配偶；如果是工作狂，也許和同事的對話時間會比家人更長。無論如何，我們最常說話的對象其實是自己，即使我們沒意識到。我們在日常中會不斷地和內在對話，這就叫「自我對話」。

多留心觀察自我對話，就能覺察自己被什麼樣的情緒所支配。性格樂觀的人會不斷對自己喊「加油」，遭遇動搖內心的危機時，懂得安慰自己「沒關係」；事情不如意時，也會說「你已經全力以赴了」。就算家人、朋友和戀人不對他們說這種話，他們也能自我安慰。這和每次碰到壓力就感到不安、憂鬱度日的人相比，其自我對話是不一樣的。

一位二十多歲的女性上班族來看診，她因為忘記回報某件事而被上司指責，即使只是一個小失誤，她卻立刻變得很憂鬱且無精打采。其實在這種情況下，不管是誰都會感到壓力，有憂鬱情緒是正常的。不過，她每次遇到類似的事就會陷入情緒低潮，不是大問題也會一秒萌生離職念頭，有氣無力地自責說「討厭自己」、「什麼都不想做」。

人誰無過，況且只是一個不起眼的小失誤。我們經歷的小失敗永遠比成功多，再怎麼追求完美，失誤和失敗必然如影隨形。所有人都一樣，只不過遇到這種事的時候，大家的反應有所不同罷了。

憂鬱症患者常見的思維有二，第一個是「自我批判」（Self-Criticism）思維。患者會批判自己的不完美，自責天生的缺點、怪自己無能，就連小小失誤也會痛罵自己：「我辦不到！我像個傻瓜！」遭遇小小失敗也會說：「我真是一事無成，做了也沒用。」處於壓力下，腦中自動浮現的自我批判聲音，會使情緒很快地陷入憂鬱低潮。

第二個是「反芻」（Rumination）思維。患者會回憶過去，說著：「我為什麼會那樣做？我不應該那樣做……」回想過去固然很重要，反省就是反思錯誤、汲取教訓並找出對策；反省，也是檢討自身行為，培養不斷朝著目標前進的自我調節（Self-Regulation）能力的必要因素。然而，過度沉溺於過去的錯誤就成了反芻，不要把反芻誤當成反省。反省會讓人找回活力，而反芻正好相反，會讓人越來越憂鬱。錯把反芻當反省，會使自己陷入困境。而憂鬱症患者的腦中，就會迴盪反芻與自我批判的聲音。

讓我們從大處著眼人生吧！失誤只是人生的一小部分。我們的人生以百分之九十八的平淡為基礎，偶爾能取得百分之一的成就，剩下的百分之一則由失誤和失敗填滿。在整個從出生到死亡的人生軸上，失誤會稀釋成細小塵埃，大錯也會被削減，就算是一次重大失敗也無法完全抵消在此之前的成果。總之，把自己置身遠處，看得長遠，這樣才能減少許多憂鬱。

現實本就艱辛，不要自我折磨。如果每次受到壓力就變得憂鬱，要記得檢視自我對話，確認自己是不是被自我批判的聲音左右了。若是發現自我對話充斥著負面內容，就試著換個方式對話吧！

「至今為止我很努力，做得也很好，現在的失誤不過是小瑕疵。放遠看是看不見的，以後做得更好就行了。」

我們經歷的小失敗永遠比成功多，再怎麼追求完美，
失誤和失敗必然如影隨形。

為了煩惱的「煩惱時間」

我天生愛煩惱，熟人們常看見我煩惱的模樣。我喜歡胡思亂想，想得太深，不知不覺就會陷入煩惱中。

我曾去義大利盧卡玩了幾天。盧卡，是座被城廓環繞的美麗城市。我載著不會騎自行車、坐在後座的妻子，沿著古老城郭騎了好幾圈，騎到妻子小腿發麻、自己屁股疼痛才罷休。黃昏時分，我橫躺在城牆的長椅上，欣賞落日餘暉，思緒彷彿漸漸被晚霞融化。夜幕降臨，白天的鼎沸人聲化為靜謐，我走入被古老灰色建築包圍的巷弄中，放眼望去，時空宛如靜止。我搭機到達之處不僅是另一個空間，更是一個時間流速不同的地方。然而，在時間靜止、思緒消融的盧卡，我卻未曾忘卻煩惱，依然追逐著現實世界的時間，憂慮著亟待解決的問題。本想休息幾天才請的假，我卻帶上了煩惱。

日後我翻閱相簿，看見那時候的盧卡旅遊照，不禁回想一臉嚴肅的我，到底在煩惱什麼？就算人飛到盧卡，還在尋找煩惱的解答。陷入煩惱的我，提著白色塑膠袋，裡頭裝有買來的食物，步伐沉重地走回住處。當時的我沒能盡情享受盧卡的美景，反而陷入煩惱中，變得垂頭喪氣。我浮現了「煩惱本身就是煩惱」的想法。

面對愛煩惱的自己，我採取「五分鐘法則」，這也是我推薦患者使用的方法。根據臨床研究顯示，煩惱的事能否有個好結果，在開始煩惱的五分鐘內已成定局。專心煩惱五分鐘後，就要問自己：

——煩惱有讓我心情變好嗎？

——煩惱後有想到好點子嗎？

如果其中一個答案為「是」，那繼續煩惱也沒關係，時間超過五分鐘也可以。如果兩個答案皆為「否」，這就意味著繼續苦惱下去，不會變得開心，更不會想到好點子。煩惱到底有沒有效，五分鐘內揭曉。

如果你有件事必須煩惱，最好撥出時段，訂出一個「煩惱時間」（Worry Time）。偶爾有煩惱時，就要留到煩惱時間再煩惱。也就是說，下定決心將煩惱延後，把注意力集中在眼前要務上。延後煩惱的好處是，能幫助我們有效利用時間，專注當前目標。

此外，在煩惱時間裡，把煩惱用白紙黑字寫出來吧。寫下所有和煩惱相關的想法，毫不保留地全部寫出來很重要，一旦這麼做，就會發現沒什麼好寫的。煩惱再久的事，一寫出來立刻變得不值一提了，頂多只是糾結於一、兩個想法。我們認為的「煩惱多多」，其實不過是錯覺。

用筆寫出來，藏身煩惱背後的想法便會躍然紙上，從而醒悟到問題不在煩惱本身，而是出於我們的思考方式。我們的不安成了煩惱的滋養劑，錯誤的思考習慣則造成杞人憂天，搶先想像各種最糟的狀況，這是自身扭曲的認知擴大了憂慮。

試圖「暴露煩惱」也是不錯的。吟誦煩惱是暴露憂慮的方法之一，不停地重述「我因為什麼什麼事而擔心」。雖然不安一開始會變大，但不安的感覺會隨著重述次數變多而減少，進而懷疑起自己「為什麼會有這種沒用的想法呢？」刻意去煩心，我們很快就會對煩惱感到厭煩，這跟瘋狂看恐怖片會看到麻木而不害怕是一樣的原理。

各位試試看吧，得到這種醒悟的瞬間，意味著煩惱時間發揮了效用。

煩惱再久的事，一寫出來立刻變得不值一提了。

你如何度過一天？

「魔鬼藏在細節裡。」

我想把這句話改成：

「事實先於觀念。」

看診時最心累的情況是，需要下判斷卻缺乏有利下判斷的具體資訊，哪怕只是暫時的也一樣。在診斷和治療時，具體事實優先於抽象觀念，不過這不代表醫師得鉅細靡遺地過問患者個人私生活。醫師想知道的是，有助於支持抽象判斷的具體事實。

近來，注意力不足過動症（Attention Deficit Hyperactivity Disorder，簡稱ADHD）的成人患者變多了，我無法準確說出是患者變多，還是判定標準放寬。總之，注意力不足過動症的患者明顯增加，報章也經常出現類似個案，更有相關領域的專家學者強調治療此症的重要性。不知道是否因為這些緣故，自認得了注意力不足過動症的人一下就多了起來。其實，這些人大多不是注意力不足過動症。

我問他們為什麼確定自己是注意力不足過動症，大多數的人回答：「我工作時頻頻失誤，注意力不集中。」經常失誤、注意力隨著精力消耗而下降是人之常情，職場沒有不犯錯的人，如果隨時隨地都能聚精會神，那是機器還是人？不能僅憑「頻頻失誤，注意力不集中，我是不是出了問題」的模糊感覺，去斷言自己是注意力不足過動症。我也遇過有患者只是因為加班沒睡好，注意力下滑，就疑心自己是注意力不足過動症。

這些個案讓我不禁懷疑，人們是否企圖將自己不願接受或不想承認的模樣，判斷為注意力不足過動症，藉此從認同感中剝離，或是下意識地卸責、不願改正錯誤？各位請不要輕易地判斷自己的狀態，而是要客觀地觀察自己的生活方式，觀察「我是怎樣生活的？」切莫被抽象的症狀迷惑，養成生活小習慣更重要。

實際上，我看診的時候，比起患者所說的抽象想法，我更注意患者的一天過得怎樣。高談闊論一些抽象概念，或是只聊著自己的想法，對於缺乏相關經驗的人來說，是沒有吸引力的。我更喜歡患者仔細地描述一天的生活——吃了什麼，看見了什麼，以及當時的感覺與感受。

精神變得健康，日常會隨之豐富，哪怕是單調的日常也能從中獲得充實感。有顆堅強之心的人懂得珍惜具體而微的事物，即使因為壓力而憂鬱，也不會輕易虛度日常。

雖說憂鬱症患者的症狀各不相同，但好轉時的行為變化是相近的，那個共同跡象就是開始收拾整理。在找回欲望的動力時，他們大多會這麼說：

「我整理了衣櫃。」

「我把沒用的東西清出去了。」

「進行了久違的打掃。」

「我把襪子按顏色收進抽屜。」

「洗了碗，整理了碗盤。」

我們可以反過來應用上述現象。我知道不容易，不過變得憂鬱時，請整理一下周遭環境吧。整理日常空間是最好的憂鬱症治療劑，在抱怨「沒力氣」之前，把此刻僅剩的力氣花在能做的事就行了。

——倒垃圾

——丟掉用不到的文具

——擦書桌

——整理不看的書

——把書桌上的書排好

如果上述這些都很難辦到，換個空間也不錯。

——去咖啡廳喝杯咖啡
——到公園散步十分鐘
——去超市買豆芽菜
——暫時坐在家附近的長椅上

抽象思考絕對不會讓憂鬱的自己變幸福，就像海邊的沙堡隨時會倒塌一樣，只有改變日常才是真的。

切莫被抽象的症狀迷惑，養成生活小習慣更重要。

不要相信你的意志力

《自己拯救自己》的作者山繆爾．斯邁爾斯（Samuel Smiles），留下「天助自助者」的名言。他說：「想實現目標，比起天賦，更重要的是要有百折不撓、不懼艱險、堅定前行的力量。要有不斷奮發向上的意志。意志力是希望的基礎，替生活注入香氣的是希望。」聽起來頗有道理，但我們不能因此過度信任意志力。意志力沒有我們想像得平穩。

當我們在一月一號將新年計畫寫在日記本時，貌似每項計畫都會實現。實際上沒過多久，就被現實干擾無疾而終了，然後我們還會抱怨人算不如天算。無論意志多堅定，比起實現的新年計畫，半途而廢的更多。根據某項研究結果指出，人們到年底時平均只完成百分之八的新年目標。會出現這種狀況的原因之一，是制定新年計畫時沒考慮到「同理落差」（Empathy Gap Effect）。

同理落差指的是，沒考慮到意志力在疲勞積累與舒適狀態下會有所差異的情況。某些人在制定減重計畫時，認為一、兩餐不進食沒什麼問題，因而調整飲食習慣；過不了多久，當肚子咕咕叫、飢餓感湧現時，他們才醒悟到「原來我的意志力不過如此」。還有某些要讀書的人，在睡飽找回活力時覺得自己「今天熬夜讀書沒問題」，於是決定白天先大玩一場，晚上再開始；等到晚上，專注力下降才後悔莫及，「啊，應該要節省力氣才對……」人類的本能欲望，會在積累疲勞後才泉湧而出，意識到自身意志力的極限。

所以，制定計畫時，請先刻意低估自己的意志力，並放大日後會遇到的障礙物所帶來的影響，這樣會更好。

有些患者被自己制定計畫卻延後實踐的習慣所困擾，而來找我諮商。我替這類患者諮商時，時常發現原因出自他們的完美主義。「不是一百分就沒用，不完美就是失敗」的信念越強烈，壓力就會越大。沒做好萬全準備，哪怕只是小事也不會輕易行動。忙著制定計畫卻延後實踐，因為不開始就不會失敗，他們無意中被延後實踐的欲望左右。遇到這種情況，我會建議他們將目標計畫細分化，便於執行，以減輕計畫實踐的初期壓力。最重要的是，準備好一個環境，能讓你享受實踐的過程。

幾年前，我制定了天天跑步的計畫，可是此前我並沒有固定運動的習慣，所以每天都跑得很辛苦。我當時是怎麼辦到的呢？那就是在跑步時聽喜歡的音樂專輯，藉此發動內心的引擎。隨著專輯第一首歌的節拍邁出步伐，身體逐漸變得輕盈；來到第二首歌的高潮部分，刺激的快感如電流般竄遍全身，為了抵達快感時刻，我奮力奔跑。跑完一張四十八分鐘的專輯，意味著我愉快地燃燒了四百大卡的熱量。

另外，我也制定了每天要寫滿一張A4紙的計畫。在寫作前，我會先研磨香醇的咖啡豆，沖出一杯咖啡。我還會削好一枝手感好的鉛筆，在筆記本上肆意發揮。這種小習慣使我發現了喜愛的咖啡種類，也蒐集了各式各樣的鉛筆。雖然我沒有完美地實現每天寫出固定份量的目標，可是動筆寫作變得比較輕鬆了。

此外，如果把目標設成迴避負面結果，很可能就會失敗，像是「不想再被囉嗦了，今年一定要減肥成功」之類的。勉強制定的計畫會引發逃避心態，相反地，與正向感受相連的目標，則會大大地提高目標達成率。換言之，不要想著「我一定得這樣做」，而是去想「完成後會有什麼樣的感受」會更好。像是上面提到的減重目標，執行者可以想著「減重成功後，我的身體會變得更輕盈、更有活力」。

「正向感受促使人們更努力，而唯有努力，才能繼續享受好的感受。」世事皆如此，重要的是我們要好好地理解自身感受，了解不同的感受會帶來什麼樣的反應。如果能找出那種好的感受，並好好建構自己的生活方式，就能過得更開心。

幸福沒什麼特別，懂得享受小小的生活樂趣就夠了。

無論意志多堅定，比起實現的新年計畫，半途而廢的計畫更多。

人類過敏症

抗憂鬱劑好比貼身內衣或羽絨外套，如同我們為了抵禦寒流而穿上厚外套一樣，當患者內心受到持續的壓力而撕裂時，抗憂鬱劑就能溫暖內心。不過，能抵禦現實寒風、自我保護的方法，不一定是藥物，運動或喜好都是很好的方法；倘若能奉獻自己、幫助他人，打造更美好的世界，那就更棒了。與他人分享的溫暖越多，我們的內心就越溫暖。

感到害怕的孩子一旦獲得母親的溫暖擁抱，就能立刻鎮定下來；同樣地，成年人想維持一顆健康的心，也需要和他人心靈相連的親密感。人類感受到親密感時，大腦會分泌一種叫做「催產素」的荷爾蒙，能讓人感到安全和舒適，阻止我們受到壓力荷爾蒙的負面影響。

我看過一部電視劇的主角說：「我是人類過敏症患者。」我常碰到討厭花粉或桃子的人，這句臺詞卻說「人類是過敏原」，真是出乎我意料。不過仔細想想，對人類過敏，好像也不是特別的現象。

我的來談者中，就有不少患者飽受人類過敏症所苦。他們無處傾訴上司惡言惡語造成的傷害，只能深藏心底，但往後只要遇到和上司很像的人，便令他們瑟瑟發抖。在公司裡，比起「要好好工作」，這些人更在意「怎樣才能避開上司」。我也遇過有患者因為戀人變心遭受打擊，而宣布「今後是戀愛絕緣體」；也有患者因為家人被誣陷，吃盡苦頭後說出「這個世界沒有可靠的人」。這些全是人類過敏症的症狀。

最近嚷著需要獨處時間的人變多了，不也是因為人類帶給同類的傷害變多了嗎？獨飯和獨酒文化，不就是因為我們不想從他人那裡得到安慰與傷害，才逃往一個人的世界嗎？

但是，逃避是治不好過敏的，因為我們不可能活在一個沒有過敏原的地方，如同春天避不開漫天花粉，我們也無法徹底與世隔絕。對桃子過敏，不吃桃子就好，但我們總不能永遠不與人見面吧？每個人想要的東西不同，性格、價值觀與生活方式也不同，怎麼可能不起衝突？死了才可能過著沒衝突的生活。

就像生理過敏一樣，人類過敏症患者的治療方法也是逐漸暴露在過敏原下，如此一來，就會產生「脫敏現象」，對過敏原的反應減弱。因此，即使當下很難受，人類過敏症患者還是要增加與人的接觸頻率。可以從親密性低的關係下手，簡單來說，常常與能夠輕鬆談天說笑的人見面就行了，最好捨棄每段人際關係都要真摯深交的固有觀念。別忘了，這世上屢見不鮮的，是再怎麼努力也難以建立深厚關係的情況。

如果你發現自己有人類過敏症的症狀，我建議先審視你自己的內心。對人的恐懼越大，背後隱藏的認同需求越大。如果得不到認同，就覺得自己是沒價值的人，這種根深蒂固的錯誤念頭會讓你越來越難建立人際關係。過度的認同需求會造成人類的迴避行徑，「與其不被認同，不如躲開人」的想法會日益強烈。換個想法吧！「沒必要得到所有人的認同，我喜歡的人也可以擁有和我不同的觀點，我愛的人也可以不認同我。」

這世上屢見不鮮的，是再怎麼努力也難以建立深厚關係的情況。

不要找理由

我們無時無刻不在找理由。沒有理由會感到不安，要找到理由才能安心。理由，成了動機、目標和力量。為了克服傷痛，我們時時找理由。

愛，是生存的理由，我們因心愛的人而活。但是當我們失去愛的時候，我們也會找理由：「為什麼分手？為什麼對方會離開我？」想聽到非得走上分手一途的理由。我們受不了沒有像樣的理由或原因導致愛的消失，於是我們不停地想、反覆地想，想到撕心裂肺，直到找出足以接受的理由，撕裂的心才能重新被黏合。不只如此，接著還需要另一個理由，來幫助我們克服必然的失落。

是因為這樣嗎？所以我們也執著於相愛的理由。為了不想失去對方的愛、為了守護自己的愛，而懇切地呼喚對方：「即便是微不足道的理由，也請告訴我吧！」縱使分手的理由有千百種，也苦求對方告訴自己一個「我不該接受分手，非得留下來」的理由，以及一個可以承諾「我一定會陪在你身邊」的理由。即使我們都不敢確定，這樣的愛是否健康。

然而，「找出的是真正的理由嗎？」我們不免又會起疑。人類不斷地尋找理由，但找到的並非真正理由的情況不勝枚舉。大多數不是真的，而我們在尋找理由時，卻還加劇了自我折磨。

當我們遇到意想不到的情況就會納悶：「為什麼會發生這種事？為了什麼？理由是什麼？為什麼會那樣……」瞬間喪失理性，弄得自己思緒萬千、心亂如麻，無法釐清原因是這樣還是那樣。

大部分會造成內心傷痛的事都是無可奈何的，是我們無法控制的，是和人生的一貫意旨或意圖無關，純屬偶然。在充滿著偶然事件的世界中尋找心痛的理由，等同追逐幻象；縱使找出像樣的理由，也無法據此說明人生的本質。

如果我們不想於痛苦中掙扎，就得停止問「為什麼」。不要尋找過去的理由，要站在未來的角度思考；不是去糾結「為什麼會那樣」，而是要想著「該怎麼辦」才對。

我很喜歡作家保羅．奧斯特（Paul Auster）在《機緣樂章》中寫的一段話。它告訴我們，不要徬徨於尋找理由，先忍耐失去的痛苦吧。

> 你想相信某種隱密的目的。你想方設法要說服自己，去認定這世上發生的每件事都有原因。你要稱它為上帝、幸運還是順遂，隨你怎麼稱呼我都無所謂，反正都是荒謬之談。這是在逃避事實，拒絕面對事情的真相。
>
> ——《機緣樂章》，保羅．奧斯特

在充滿著偶然事件的世界中尋找心痛的理由，等同追逐幻象。

那又怎樣，這就是我

我很容易臉紅。每次演講結束後，若有聽眾邀我合照，我會很開心，因為這表示聽眾對我的演講內容感興趣，並且很專心地聽完講座。不過，高興歸高興，我還是有點尷尬，雖然滿臉笑容擺出了姿勢，但在按下快門的時候，我還是會臉紅，暴露出內心的緊張。原先我不知道自己一害羞就會臉紅，直到身旁的人說「醫生您臉紅了」，我才意識到自己的緊張。

某次上電臺節目時認識了一位主播，後來他錄製Podcast，邀請我前往他位於弘大附近的錄音室。那時，我問他要聊什麼主題，他說聊運動和心理就行了。我心想太好了，這兩項都是我平常感興趣的主題。當天除了我之外，還有一名運動教練一起加入，他說自己在教導人們如何無壓力地養成日常的運動習慣。不知道是否因為Podcast是採預錄的方式，所以我被問了很多刺激性問題（不至於感到不悅，但實在不知如何回答），節目中也開了很多玩笑，好幾次我直冒冷汗。等到氣氛變得較為自在時，健身教練對我說：

「我第一次見到像您一樣臉變紅又能馬上變白的人，好像溫度計，情緒的溫度都表現在臉上了。」

如果年輕時聽見這種話，我會變得怯場和緊張。以前我一旦發問，心跳就會加快，就算不想被看出緊張的模樣，拚命深呼吸、調整呼吸速度也沒用，心臟照樣撲通撲通跳，聲音依然顫抖不已。因此，就算想提問也會壓抑下來，只因不想被人發現我的焦慮。

但不知道從何時開始，我覺得「那又怎樣」，變得不在乎這件事了。當然，偶爾還是會在意別人看見臉紅的我，會怎麼解讀我的情緒，但大多時候我會想著：「這也沒辦法，我又不能控制對方想什麼。」就算對方看出我的緊張或焦慮，我也會想著「那又怎樣！」而不予理會。因為焦慮就是焦慮，人生就是人生。不會感到焦慮，不是最重要的，只要我們能不被焦慮左右就好了。我重申一次，「那又怎樣！」的心態才是最重要的。

很多大公司的高層或老闆在演講前也會感到焦慮，看起來不像會緊張的人，面對面就能知道他們其實沒那麼能言善道；站在全體員工前發言，嚴重焦慮時甚至會全身顫抖。他們隨身攜帶鎮定劑，有些老闆還會避免製造員工集合聽老闆開示的場合，如不得已非得開口，也會交給其他高層代勞。我想，位高權重的人（老闆、會長、最高經營者、教授或醫師等），服用抗焦慮藥物的比例應該很高。

算上實習年數，我已經當了二十多年的精神科醫師。這段時間，我通過患者們學習人生。如果要我選出體會最深的一件事，我會說——「誰比誰成熟、誰比誰的個性好、誰比誰更幸福」這種話都是毫無意義的。也許有人會覺得失望，並且想著：「當了二十多年的醫生才搞懂這件理所當然的事嗎？」話是這麼說沒錯，不過，我過去先用大腦了解的事物，是在親身體驗反覆確認後，才真的將「比較是無意義的」這個體悟銘刻在心。如今，這種體會積累在我體內，所以我現在很少怯場，無論面對多有名或多優秀的人，我都能鎮定自若地想著：「你我沒有太大的不同，你我都是懦弱的人類。」

所有的想法、感覺和痛苦，都無法全然脫離他人的經驗而專屬於自己。也許有人會高喊：「就算說出來，我的痛苦也只有我自己懂，別人怎麼可能明白！」但假如確認過自己和他人之間的相似性，你就能理解世人與自己有多麼相近。一旦意識到他人與自己沒什麼不同，接受自己就會變得簡單。

再過不久，我就快五十歲了。雖然度過了一段漫長的精神科醫師生活，但兒時那個心靈脆弱的孩子仍在我體內。每當害羞緊張時，那個孩子的心仍會撲通撲通跳，我想以後大概還是一樣。沒關係，不，是沒法子。雖然「我」這個人仍然有不足和缺憾之處，但我不希望這些東西消失。也不可能消失。

我是這樣對待自己的，因此我並不喜歡親近故作堅強的人。雖然我討厭軟弱，但也不想跟看不見一些小缺點的人結交。我喜歡老實、易緊張、有著童稚內心的人。儘管也曾碰過幾個心腸堅硬的人，但我不會跟那種人有進一步的往來。

江山易改，本性難移，改變自己很難，我也不確定是否非得改變自己才行。重要的是，不要愧對原本的自我，關鍵在於改變對待自己的態度，而不是改變自己。不是不要感到焦慮，而是不要覺得焦慮的自己很難為情。即使臉紅了也要保持「那又怎樣」的心態，包容緊張的自己。對待自己的態度很重要，要面對自己、承認自己的弱點，如此一來，就能平靜地接受發生在自己身上的變化。

比起改變自己，更容易的是找一個適合自己的人和環境，在那人身旁和環境裡生活。改變圍繞我身邊的事物比改變本性簡單，且效果更佳。讓我再補充一句吧——你原來的樣子最好，千萬不要變。

無論用什麼方法，試圖解決痛苦只是強化自己就是痛苦本身的幻想。逃避痛苦的努力，終究在無止境地延長痛苦。最讓人頭痛的不是痛苦本身，而是我們對待痛苦的「執著」。我們把自己和痛苦同等看待，才是真正的唯一困境。

——《事事本無礙》，坎恩・韋伯（Ken Wilber）

不是不要感到焦慮，而是不要覺得焦慮的自己很難為情。

人生提問，我們用人生來回答

在觀念上，有兩種尋求人生意義的方式：

1 創作故事

尋找人生中經歷的事件與經驗的關聯性，並將之連結。換句話說，就是找出綑綁多重經驗的那條線，貫穿內、外在經驗的那條線就是意義。我們以它為中心創作故事，當中所蘊含的意義，就成了我們的人生主題。當人們問起：「倘若你的人生是一部電影，你會如何命名它？」每個人給出的答案，就是從這個故事中找到的意義。

2 趨近典範

根據已知的意義體系，推演自己的人生意義。趨近典範的方式，可以從智者或古魯（Guru，印度教或錫克教的導師、指導者）的話語中尋找，或從聖經、佛經及哲學書籍中發現其中蘊含的真理。此外，透過自己的人生，體悟到某些蘊含人類普世的真理，也是趨近典範的方式之一。

《活出意義來》的作者暨精神醫學學者維克多・弗蘭克（Viktor E. Frankl），曾提出三種尋求人生意義的方法：

1 創造性行為

在世上實現某種成就或做出貢獻，抑或犧牲奉獻創造出過往不存在的事物。

2 相遇

透過人與人、人與事件的相遇創造出意義。像是和某人陷入愛情，或遇見遼闊的大自然，從中獲得覺察。

3 苦難

命運無從更改，但在我們與其對抗、試圖克服重重難關的過程中，人生意義會自然浮出意識水面。在我們奮勇抵抗困境時，自內心深處浮現的事物，就是意義。

倘若你的人生是一部電影，你會如何命名它？

不能逃避嗎？

「我也不清楚。」
「什麼都不想做。」
「想放著不管。」

我們常常看見某些人因為憂鬱而無精打采，什麼事都做不了，遇到該解決問題或該盡責任時，會立刻打退堂鼓。看似憂鬱症的症狀，其實仔細觀察的話，會發現這並非典型憂鬱症。這些人可以把自己喜歡的事做得很好，一旦要他們讀書或做不喜愛的事時，就會說不想做或找藉口拖延。非得拖到最後一刻才慌張完成，或是超過期限沒完成，引發後續問題。

這些人直到高中做事都還很實在，沒有任何問題，可是自從成為大學生後，就過起了無意義的人生，成天宅在房裡，逃避當下的作業，也逃避現實。家人朋友看不下去而鬱悶不已，擔心他們是否得了精神病，有時還會有家屬前來代為問診。

逃避不是百分百不好的，因為逃避能成為探索自我的機會。逃避的背後，隱藏著一種想要確保擁有自我探索時間的意圖。就像幼蟲化蛹到蛻變成蟲一樣，為了成長而暫時退縮的時間就是逃避。逃避是成長不可或缺的要素，竹子之所以能長到直逼雲霄，是因為它還是竹筍時，有一段等待竹節變硬的停止生長期。同樣地，當我們先停下腳步，擺脫他人和外界帶來的壓力，試圖重新建構身分認同感，這段過程表現於外，就會變成迴避行為。所以，任何人都無法武斷地說「逃避是不好的」。

短則幾個月，長則一年，過著無精打采的生活是有益的。有些名人會坦承有過一段留白的年輕歲月，像是成天窩在房裡看書；或和現實脫節，終日苦思徬徨著「我是誰」；抑或是踏上一趟沒有目的地的旅行。

藉由逃避來重塑自我所需的時間，每個人皆不同。一般而言，這個時期會在青少年期來臨，但也有很多青少年忙於課業，推延了成長必經的心理課題，反而在長大成人後，該課題才姍姍來遲。有些人上大學後才進入叛逆期就是類似情況。通過自我探索以確立自我認同感，是青少年期的課題，當此課題的重要性被忽視時，就會導致叛逆期遲來。擺脫迴避的時間，因人而異，倘若強迫對方快點振作起來，反而只會出現反效果。

如果想讓逃避的時間變得有意義，就得看穿隱藏在逃避背後的心理課題並解決之。此課題包含了認同感的混亂與重新建構、重新定義與父母的關係、自尊和自我意識過高、不切實際的目標和期待、過往創傷、不成熟的社交能力、缺乏自信、自卑、勇氣不足，以及無法制定新目標等。

這些人不是因為熱情消退才逃避，是因熱情猶存才逃避。逃避是沸騰的熱情迷失方向時出現的現象。逃避是企圖擺脫舊我，成為與往日不同的存在所產生的。他們覺得自己被某種框架侷限了，厭惡現在的自己。簡單來說，逃避只是想逃離框架而已，不必為此感到畏懼。

儘管如此，逃避的人也不能盲目等待，一味正當化逃避，而不想辦法解決心理發展的課題，只把自己鎖在小房間裡。逃避的人必須親身體驗失敗和傷痛，再痛也得那樣做。要直面它們，承受痛苦才行。只有親身體驗才能成長，逃避時間越長，心理課題會變得越沉重，沒人能代替另一個人成長。需要親自面對的心理課題不會因為拖延而消失，一再拖延、逃避，心理課題會慢慢啃噬內心，日後會形成真正的精神疾病。最重要的是，會妨礙個體人格走向成熟。

逃避不是百分百不好的，因為逃避能成為探索自我的機會。

在沉船上划槳

某次諮商結束後，我從椅子上站起來準備打開診間的門。年過七旬的這位來談者，突然伸手握住我，我想請他離開診間，他卻緊握我的手說：「我每天都寫詩，已經四年了。」老人家站在診間門口續道：

「我知道這沒什麼了不起，但我不會錯過任何獲得日常感動的機會，在早上寫詩的習慣已經邁入第四個年頭。我數過自己的詩，我寫了一千四百多首。我做了一輩子的公職，退休後才開始學習文學。我不斷地努力，因為我想進文壇。」

在面談的過程中，老人家滿口對女兒的操心，偶爾紅了眼眶，壓抑激動的情緒說著：「事情不是我說了算，凡事都會順應天理的。」他講完這些後，才小心翼翼地聊起自己的事，說起自己每次諮商結束後都會寫抒情詩。啊，這麼重要的事為什麼現在才說呢！可是我不能讓後面的患者繼續等待，我苦惱了一下開口道：

「這世界不是分成兩類人嗎？詩人和不是詩人的人。伯父您是詩人，我不是，我只是個普通人……下次我得向您好好請教了。」

等這天工作結束後，我坐在椅子上望著天花板發呆，好奇那位老人家開始寫詩的契機。來不及問的問題縈繞心頭，我擅自想像起那位老人家的生活：一輩子奉獻公職，每天同樣的時間起床、上班，在差不多的時間下班，工作多的時候加班，如果太忙了就會放棄夏日休假*；日復一日做著相同的工作，升遷時享受短暫的喜悅；靠月薪養大孩子，但過往忙於工作，沒時間參與他們的成長過程，不知不覺間，子女變成了陌生人。是我想的這樣嗎？老人家是不是就這樣活到了六十歲、七十歲，來到生命的盡頭，才悔恨錯過的人生？無情逝去的時光、錯過的記憶，這些錯綜複雜的情緒使他感到痛苦。一輩子奮鬥努力，到頭來卻感到虛無，於是下定決心，往後餘生想去看、去感受一些不一樣的事物，想要珍惜每個瞬間。是我想的這樣嗎？這種心情累積下來後，促使他每天都寫下一首詩。

我對詩一竅不通，更不知道具體來說，詩人該是怎樣的人。我想像的詩人，是藏身於世界本質，在其深處尋找不易外顯的美麗。我深信，即使現實枯燥、孤僻、煩躁、不快、焦慮，甚至看不見一絲希望，仍能從中發掘意義的人就是詩人。不是只有優秀的人才能成為詩人，若時時刻刻皆能忠於「詩人之心」，人人都應該能成為詩人吧；不是為了尋求人生答案或追求特定目標，僅僅是能細看世界的真實風貌，從不同視線與角度，去觀察、觀看、窺探被隱藏在肉眼不見之處的意義，那麼人人都應該能成為詩人吧。若用專屬於自己的隱喻展現自我，那就是一首詩吧。

＊多數的韓國上班族有「暑休期間」，大約在七月底至八月初，大部分的公司會在這段時間放暑假。

「好像搭上了一艘沉船。」

一名與我年紀相仿的上班族患者，在諮商室嘆氣著說。這名患者自訴天天賣力工作，不是為了往前走，而是不讓自己下沉的垂死掙扎。然而，船早晚都要沉的，在必沉無疑的船上划槳有何意義？所以我動用了各種手段，企圖協助他振作，但仍束手無策。因為他說的好像沒錯。這讓我覺得不管說什麼，結果只能是欲蓋彌彰。他認為自己處於無法為了獨活而不顧一切跳船的狀態，只能任憑時間流逝，留在沉船上動彈不得，萬念俱灰。在長時間傾聽他的話之後，我能說的只有這句：

「就算如此，也不要毫無準備地盲目跳海。」

深夜，我坐在桌前思索「在沉船上划槳」。該怎麼做才好？「對，這個人得當詩人。」心灰意冷卻不得不留下時……得靠寫詩支撐才行。如果看不到意義，又想要找到意義的話，我們就必須變成詩人！

不要因為你把日常看得微不足道就責怪你的人生，錯出於你。因為你沒變成看得見人生多采多姿那一面的詩人。在造物主眼中，這個世界沒有不足之處，因為祂不覺得有何不重要或微不足道的事物。

——《馬斯洛人性管理經典》，亞伯拉罕·馬斯洛（Abraham Maslow）

成為詩人不是為了尋求人生答案或追求特定目標，僅僅是能細看世界的真實風貌。

幸福是自找的

「醫生，不管我怎麼想，我好像都無法變得幸福。」

這位女性從學生時期就是課業常勝軍，非但考入韓國最高學府，還擁有人人欣羨的職業，她卻說自己活得不快樂。

「死，好像是最明智的決定。」

啊，我的心猛烈地跳了一下。

「很明顯地，無論我多努力，要再往上爬太難了。可是只要我稍微鬆懈，很容易就會摔下去。隨著時間流逝，我會變老、會生病、會變得落魄，趁年輕貌美死一死好像更好。」

我思索自己在她這個年紀時過著什麼樣的生活，時間倒流，我腦中浮現了一個邋遢的男人。那是個邊工作邊堅持寫論文的研究生，被指導教授訓斥「你太蠢了，腦袋不靈光」而感到挫折，內心想著：「我真的不行嗎？」此刻，我閃過一個念頭，要是把那樣的我，和擁有漂亮資歷又聰明的她並列，到底是誰該安慰誰？誰能教導誰？除了持續傾聽她的苦惱，在她身旁給予默默的支持，我苦思著還能替她做什麼。因為我相信一旦她打起精神，一定能找出自己的路。雖然有些話當下無法對她說，但我下定決心，未來等她內心有了餘裕，我要告訴她，我所認為的「幸福」是什麼。

按著世人標準及眼前的指示來過生活，就會失去自己固有的色彩。當感受不到喜悅、熱情消散，縱使活得再認真，沒有感動的話也只會剩下悲慘。如果說神給世人出了作業，那麼祂給我們的唯一作業就是——要活出自己，成為一個與眾不同、神祕又特別的存在。一味地追求世俗成就，並相信虛偽的自我是真實的，將使真正的自我被邊緣化，無法完成神授予的使命，不幸反倒會降臨。

所謂幸福，就是一趟完成獨特自我的旅程。幸福不是一種安樂感，而是正在開拓自我之路的信念。就算現在很痛苦，如果你正在努力成為這世上獨一無二的我，那麼你已經是幸福的人了。

如果說神給世人出了作業，那麼祂給我們的唯一作業就是——要活出自己。

Chapter 2

診療室裡的風景：修復傷口的日常練習

我常常從患者身上學到東西。
有時候，他們告訴我的自我管理方法，
比我告訴他們的更有效。

你運動嗎？

「醫師，你運動嗎？」

我在諮商室常被來談者這麼問。這種提問大抵有兩種意圖：一是自己沒在運動，但想建議我去做；一是想請我告訴他，我做了哪些運動。

十多年以前，我能接受第一種提問意圖，因為那時我沒空也無心運動。但這件事不知何時開始起了變化，最大的原因，應該是我的主要患者族群產生了改變。

現今，韓國的大學附設醫院主要是在治療思覺失調症（舊稱精神分裂症）與躁鬱症患者。在我接受專業訓練時即是如此，那時候，我看得最多的就是精神分裂症患者，所以絕大部分診斷的內容，都與藥物療法及生理病理學相關。我的碩、博士學位論文也是研究精神遺傳學，我曾絞盡腦汁企圖找出引發思覺失調症的人體基因。起先我認為，從發病、治療後反應到預後，一切都取決於基因。然而當我著手研究像是憂鬱症、壓力相關以及情緒障礙等各種常見的心理問題時，我切身感受到，基因療法和藥物療法並不能解決精神醫學的問題。各位可能覺得，這不是理所當然嗎？但臨床醫學研究並不採用這種主張。因為臨床醫學研究所追求的，是縮短思覺失調症這一類重症的治療時間，以迎合患者對療程快速見效的期望，並實現高收益和高效率。因此臨床醫學的研究方向，一直是以精神藥物療法和遺傳生理學為主。

除了藥物，還有什麼能真正發揮實質幫助呢？苦惱之餘，我的關切焦點轉往有助於養成良好生活習慣的「生活型態醫學」（Lifestyle Medicine）*，以及「行為活化」（Behavioral Activation）**。假使我要勸導患者接受這些

---

*為醫學的一個分支，主要研究、預防和治療一些因生活方式造成的疾病。

**一種讓憂鬱症患者逐步達成生活目標、增加正向日常事件與行為，藉此提高正面情緒並減少負面情緒的療法。

療法，我也得運動才行。

這麼一想，我個人的運動史頗長。小時候熱愛打桌球，國小和國中時還上過桌球補習班，三不五時會和朋友相約到球館打球。此時練出的桌球好功夫，讓我在當上精神科住院醫師後派上了用場。因為多數住院患者會做的運動就是桌球，即使我看診時沒能緩解他們因幻聽和妄想症所引起的痛苦，還是能與他們一起打桌球。

我國中時居住的大樓裡，有個柏油鋪面的硬地球場，社區裡很多孩子都會打網球。我甚至有一名朋友是網球選手，我去過他的宿舍打球，偶爾還能接受指導，雖然實力並沒有太大的進步。考上醫學系後，我還是很常打網球，大學宿舍前有個泥土鋪面的泥地球場。雖然不論我怎麼苦練，球技仍是原地踏步，但在豔陽下打球的愉快回憶，卻是畢生難忘。此外，我也會慢跑。無法專心讀書時，我會在醫院附近慢跑。不是規律性的，因為一來沒時間，二來多數時候我累到不想跑；而且壓力很大時，我比較常喝酒而非運動。

我一度也很熱衷打高爾夫球，特別是在軍醫時期。當時我被任命前往國軍大邱醫院工作，十分沉迷於這項運動。大邱鄉村俱樂部距離官舍開車約二十分鐘，我常去那裡的野外練習場敲一杆。早晨球場人煙稀少，我到現在都忘不了揮動五號球杆，球穿過晨霧消失的軌跡。在那之後我癡迷高爾夫球好一陣子，但不知從何時開始，我覺得高爾夫球占用我太多寶貴的時間，因而停止了相關活動。

後來有段時間，我在首爾峨山醫院工作，醫院高層相約打高爾夫球，從醫生到行政人員都參與了。週日一早就出門打球，打到吃過晚餐還喝了炸彈酒*。就在那一刻，一個念頭閃過我腦海：「我現在，到底在做什

---

*炸彈酒（폭탄주），將啤酒和威士忌等洋酒混在一起喝，是韓國的混酒喝法之一。

麼！」迎合上級臉色，喝光上級倒的酒，應酬賣笑，附和他們無趣的玩笑……這一切有何意義？把寶貴的週日浪費在交際應酬上，我對此產生懷疑；更重要的是，我喜歡的高爾夫球不是那樣的。我之所以愛上高爾夫球，是因為我忘不了「球穿破晨霧的感覺」，可不是用來社交應酬的。藉由每日反覆練習揮杆，就像練功一樣，我可以感受到體力變好，是這樣我才愛上高爾夫球的。而交際應酬的高爾夫球，卻不是這樣。大家賭分數，互相競爭，不是發自內心的暢懷談天，一切都只是勉強自己配合他人。經過這事，我從此封杆了。

十年前，我養成了每天早晨上班前，去健身中心快走、跑步以及做有氧運動的習慣。如果當天下班後沒約會，我也會到健身中心快走和跑步。至今我仍然維持規律跑步的習慣，因為跑步會讓心情和精神都變好。當然，這不是跑步初期就能有的感覺，初期只會覺得累，跑太久還會不舒服，所以常常懶得跑。不過，堅持跑了兩、三年後，我開始覺得跑步很紓壓、很暢快，這並非跑個一、兩個月就能帶來的變化。現在，每天跑五公里的強度最適合我。

最近，我也開始游泳了。我以前游過，但都是自己摸索，沒抓到划水動作的竅門。大約一個月前，我從YouTube偷師，看別人的游泳訓練影片。每晚醫院關門後，我會去游泳池報到，每天游一回，從稍見長進的泳技中得到成就感。最重要的是，我學會了正確的抱水和推水，從身體划開水的動作中體會到刺激感，真的非常棒。往後我會持續游泳，想繼續努力地練自由式。我很好奇，一年、兩年或三年後，我的身體會是什麼感覺。為了感受那個感覺，我會持之以恆地去游泳池。

我切身感受到，基因療法和藥物療法並不能解決精神醫學的問題。

加入早晨五點鐘俱樂部

我常常從患者身上學到東西。有時候，他們告訴我的自我管理方法，比我告訴他們的更有效。有一位長期飽受強迫症、焦慮與輕度憂鬱折磨的患者，曾告訴我一個叫做「早晨五點鐘俱樂部」的管理方法。

據他所言，早晨五點鐘俱樂部的實踐方法就是，制定一項一早起床（正如俱樂部名字，要在清晨五點起床）的必做事項。比如說，做三十下伏地挺身、伸展運動、輕鬆跑步、坐到桌前閱讀、澆花、打開整夜緊閉的窗戶換氣、洗昨天沒洗的碗盤或磨咖啡豆、沖咖啡等等，什麼事情都可以。我制定的一項必做之事是磨咖啡豆。磨咖啡豆看似輕鬆，實則頗花費力氣，如果加上家人的份量，一次要磨出一、兩個月二至三人份的咖啡粉，手臂可是會磨到變粗呢！

告訴我這個方法的患者，加入的是「早晨七點鐘俱樂部」，他一早起床會做一百零八拜*，說效果非常好。他也說，實踐早晨七點鐘俱樂部的日子，總能讓他朝氣蓬勃且開心地度過每一天。

我把這個方法介紹給另一個來談者（這位來談者並非患者，只是一個星期會來諮商一次）。他就讀韓國最優秀的S大學，是一位聰明帥氣的男同學。他沒有精神方面的疾病，就診只是想過上更勤勉、更踏實的生活，並加強自制力，讓自己成為今天比昨天更好、明天比今天更好的人。當然，他也希望學業能更上一層樓，將來可到更好的公司就業。我們的諮商內容極為普通，閒話家常之餘，也會聊起各自的人生體悟。他從我這裡聽到早晨五點鐘俱樂部的方法後，也開始嘗試每天早上八點一起床就跑步的生活。

* 一百零八拜，風行於韓國的晨間養生操。

早晨五點鐘俱樂部的核心治療要素：

1 在固定時間起床

2 一起床不受認知介入，不要多想，要無條件地活化身體

3 反覆做這件事到變成習慣為止

4 要增強自我效能感

我早上一起床就會看幾頁書、隨手寫作和洗碗。週末有空時，則是會磨磨咖啡豆。

早晨五點鐘俱樂部的實踐方法就是，制定一項一早起床的必做事項。

冥想有什麼特別的？

每天早上，我都賣力地洗碗。下班回家時，如果流理臺還堆著碗盤，也是我該解決的。假如全家人在家吃烤肉，髒掉的烤盤也是由我負責洗乾淨。烤完五花肉的烤盤，上頭的油汙洗起來固然費勁，不過更麻煩的是夾在烤盤縫隙間的黑色異物。若想徹底洗乾淨，需要細心、觀察力和肌耐力。我沒有潔癖，唯獨擦烤盤時會出現強迫症，我會邊刷邊懷疑：「烤肉店一堆烤盤，他們是怎麼刷洗的？真的有刷乾淨嗎？」幸好這種疑心病是偶發性的，要是每次刷盤子都這麼神經質，肯定會毒害我的精神健康。實際上，洗碗對我來說是一種覺察（Mindfulness）活動＊。

＊又稱正念，是指練習把思緒平靜下來、覺察當下的狀態。

洗碗，對我有種奇妙的魅力。當我用沾有洗碗精的菜瓜布，在沾滿醬料的盤子上畫圈刷洗，再用清水沖掉，指尖與碗盤因摩擦而發出嘎吱響的時候，就會讓我心情變好。看見盤子的油汙被刷得一乾二淨，也讓人感到欣慰。我用流動的水小心翼翼沖洗筷匙時，肩負一家人健康的虔誠感隨之湧上心頭。洗碗的最後步驟是清理流理臺，臺面不能留有水垢。當我看見洗得乾乾淨淨的不鏽鋼流理臺表面反射出光芒時，我會心滿意足地想像「細菌走在上面應該會滑倒吧……」如此看來，貌似微不足道的洗碗，可說是「洗心」的過程，一旦賦予熱愛的內在價值，它就成了一件崇高的事。

我望著水龍頭流出的水，一邊思索「水從何而來」，一邊追溯水的源頭。水應該是沿著公寓樓頂的水塔管道流入我家的吧？而水塔的水，應該是沿著水管從漢江某處流來。我沿著水流的流向想像，不知不覺間，心被某一年秋天在漢江畔兜風的記憶觸動，昔日心動回憶與江上火紅的晚霞浮現在腦海。

變成汙水後，水又會流向何方？大概是通過下水道，流經淨水廠後進入河川，再匯流入海。而海平面上的水，再蒸發成冉冉升天的水蒸氣，之後又成雲化雨重回我們身邊吧。洗碗的時候，我與地球不是獨立存在的個體，而是連結成一體。若以恢宏之詞來表達，這不就是宇宙意識（Cosmic Consciousness）嗎？無目的的想法與感覺結合，內心深處的沉睡記憶與想像連結，璀璨繽紛的畫面在洗碗時浮現於我的意識之中。原來洗碗不是家務活，而是冥想！

冥想有什麼特別的？不是坐在安靜的房間裡就是冥想。專心致意於每個日常行動上，那麼我們日常所做的每件事都是冥想。即使是枯燥的生活，只要細膩感受、全神進入心流狀態，就能達到冥想的境界。專注此時此刻的態度，並與圍繞我的自然融為一體的狀態，就是創造幸福的基礎。

只想著自己、只深入自己的內心，是找不到真正的人生意義的。擺脫狹隘與黑暗的自戀視角，並熱衷於外部事物，其實就是心靈解毒劑。「注意力」（Attention）一詞，源自拉丁文「Attendere」，意思是「延伸」。我們要專注在我們所認知到的現實，如果稍不專心，現實就會變得模糊不清。不專心生活，內心什麼都不會留下。倘若無法擺脫自我來好好地關注這世界，那麼人生就會感到虛無，內心也將空虛無比。然而，人們在日常中卻很少達到心流狀態，根據研究結果顯示，每天能達到一次心流狀態的人只有百分之二十。

冥想固然好，但我不常開冥想處方給患者，姑且不說人們很難抽出時間進行冥想，我自己也不確定是否非得替這種方式冠上「冥想」之名。因為，專心致意於每一件日常瑣事，就是在實踐冥想生活了。

冥想時間又到了，走向流理臺吧。

不專心生活，內心什麼都不會留下。

用跑步代替藥物

面對焦慮、憂鬱和壓力症狀，運動比吃藥更有效。從準確性高的臨床研究來看，運動為輕度憂鬱症帶來的效果，和抗憂鬱藥物一樣。除了身體痠痛，運動無副作用，而且免醫藥費；更令人驚訝的是，養成運動習慣的患者復發機率，遠比接受抗憂鬱藥物療法的患者低。

我不喜歡跑步，討厭運動會，討厭體育；更討厭學生時期，體育課前要我們先跑幾圈操場熱身的體育老師。

當時長跑（體力測試）會影響大學入學考試的成績，可是無論我多認真地跑，同學們輕輕鬆鬆就能超越我。看著那些同學的背影，我暗自埋怨虛弱的小腿肌和股直肌。對我來說，跑步就是這麼討厭。

我跑不好是事實，我也不求跑得快，然而排名次和限時內跑完的規定，卻讓我更討厭跑步。如果學校讓學生按自己的意願和體能條件來跑，我應該不會這麼討厭跑步吧。總之，在無法如願的現實中，我只能和跑步鬧不合。

等到我入伍接受軍醫訓練時，就嚐盡了跑步之苦。無法在限時內跑完規定的公里數會被扣分，教官警告說，扣分不利於放假，這讓我暗自擔心，所以想方設法加快跑步速度。剛通過醫師國考入伍的預備中尉們，以及和我一樣考到專業執照後入伍的預備大尉們，大多數是體力差的人（起碼在我的記憶中是這樣）。我們在慶尚北道永川訓練所練兵場跑著，很多訓練兵跑沒多久就陸續體力不支而搖搖晃晃。訓練最苦的時期，別說運動了，我累到有時間就躺平，連週末都拿來補眠。入伍時期的我，體力差到像弱雞，遇上忙到深夜才結束業務的日子，我更用酒和宵夜來排解受訓的悲苦，哪有空鍛鍊肌肉。

過去那樣的我，如今為了振奮萎靡的精神，讓自己一整天能處於心神集中的狀態，會在清晨起床去跑步。我能產生這樣的改變，都是「受惠」

於壓力。

我人生中跑得最賣力的時期，約莫是五年前。清晨五點鬧鐘響起，我勉強撐開浮腫的眼皮，臉都沒洗就直接套上衣服前往健身中心，想著反正跑一跑會出汗，跑完再洗澡就好了。結束晨間運動後去上班，等一天工作結束、下班回家前，我會再去健身中心多跑二十分鐘。我不是時間多，不是吃飽沒事幹，也不是為了減掉腹部贅肉，更不求長命百歲。那時候，我只是為了能順利地撐過一天而跑。

因為職場上司的關係，當時每天過著水深火熱的日子，天天把寫好的辭呈放在辦公桌抽屜裡。如果不早晚跑步，我無法消除壓力。早上跑，是為了激發一天工作的動力；下班後跑，是避免晚上胡思亂想而輾轉難眠。就像村上春樹說的：「當受到某人無故的譴責時（至少我這樣想），或以為理所當然會被接受卻不被接受時，我會比平常多跑長一點的距離。」為了消除內心的憤怒，我也不斷地奔跑。

偶爾也有不想跑的時候，每當那一刻，我會回想非跑不可的原因。我安撫自己，老來想旅行，體力就得好，就得從年輕開始培養好體力。除此之外，人類是消費的動物，我也無法倖免，看見新款上市的慢跑鞋，老是想買回家。明明舊鞋狀況還很好，但一看到慢跑鞋廣告打著使用了提高反彈力、能跑得更快更久的科學鞋墊，我最終還是會掏出錢包。讀了村上春樹的隨筆，我才知道他愛穿美津濃慢跑鞋（雖然記不清準確的內容，不過我記得他把美津濃慢跑鞋為什麼適合慢跑的理由描述得很有魅力）。後來，我去新加坡參加研討會，趁機跑遍了各大購物中心，只為了買韓國沒上市的美津濃慢跑鞋。雖說穿上國外空運買來的慢跑鞋，實力也不見長進，但跑起來就是莫名開心。

有些跑步愛好者會仔細記錄、管理自己的慢跑成績，不過我對那種事不感興趣。而且老實說，我不需要那樣做，我的目標是跑到精神抖擻，憑感覺跑更好，跑到「現在這種感覺，大概跑了多少公里了吧」的預感出現。果然！跑步機的統計數據和我自己的感覺是一致的。一旦運動服開始滲汗溼透，我就像暢飲了三、四杯咖啡一樣，清醒無比。不快但持續地跑，驅散了我身軀的沉重感。對我來說，跑步是充滿咖啡因的義式濃縮咖啡，也是泰諾止痛藥。

除了身體痠痛，運動無副作用，而且免醫藥費。

先做做看！

旅行是為了把疲憊的心變得煥然一新，但說真的，疲憊的心真能就此煥然一新嗎？把疲憊的身體塞進經濟艙，經過長途飛行抵達不同時差的地方後，還得適應時差，疲勞沒道理能通過旅行消失啊！結束後回歸日常現實的落差也是一個問題，將精神重新投入工作，更是累人。我明明能預想到這種痛苦，但一有空還是會上網搜尋廉價機票。想離開，再累都想離開。我對此上癮了。

展開北歐之旅前，我滿心期待。雖然過去我在赫爾辛基轉機過幾次，也曾在旅行中途短暫路過，不過並沒有正式遊歷過芬蘭、挪威和瑞典。非常想感受那裡的文化，也想大買特買北歐出色的設計商品。但一趟旅行回來，要是有人問我最喜歡什麼，我都會回答：健行。

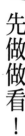

為了登上挪威的聖壇岩＊，我決定先在斯塔萬格小鎮落腳，睡一夜好覺，隔天一早再出發。那天雖然寒風瑟瑟，但天氣還不壞。直到第二天起身，才發現烏雲密布，還下起傾盆大雨。啊，怎麼會有這麼狼狽的事！想登上聖壇岩就得跋涉，但雨這麼大還能上山嗎？還是乾脆放棄，直接休息一天？假如是我一個人，冒雨爬山不算什麼，但同行的還有讀小學的女兒，要是她路上滑倒怎麼辦。

「寶貝，我們還是出發吧！走到哪算到哪，如果雨沒停，真的走不下去，我們再回頭。與其因為下雨猶豫要不要去，不如先冒雨走走看，再做打算好嗎？」

我們一路走到登山口，大雨始終下個不停，我們的衣服都淋溼了。我戴起帽子，撐起從背包裡拿出來的雨傘，衣服相當溼重。冰冷的雨水使我

＊挪威三大奇石之一，是挪威極具代表性的健行景點。

握著健行拐杖的手發冷，每當碰到擋路的溼滑石頭，我就非常緊張。走到半途，太陽總算探頭，我們到達山頂時，雨停了。我愉快地站在山頂，雖然不是多冒險犯難的登山路，但雨天帶著小學年紀的女兒上山並不算輕鬆。在無人幫忙的情況下，我們攻頂，站在山頂親身體驗面對雄偉大自然的敬畏之心。我們也走到峽灣打造出的懸崖邊，嘗試輕輕原地跳一下。將視線隨著幾百公尺下的水流移轉時，試著思考人生，並盡享山頂的氣息。

我還有重訪聖壇岩的機會嗎？沒有。即便重遊挪威，我也會選擇到其他山頭健行。如果那天沒冒雨上山，我永遠不會擁有那一刻的聖壇岩。冒雨攻頂的巔峰體驗只在那時候，那一瞬間。

有想做的事就去做，哪怕烏雲密布、狂風驟雨，想做什麼就先去做吧！畏懼退縮，機會不再。無論旅行、登山、工作或戀愛都好，不要擔心能否成功或碰到難關，全力以赴，先闖再說。

假如中途下起暴雨，實在走不下去了，雖然很遺憾但別無他法，因為這代表那件事不適合我。那段時間裡，我的命運和那件事背道而馳，所以無論多努力都注定無法實現。在能力範圍內全力以赴，事情仍舊不順遂的話，就無須再勉強。

可能會有人問，選擇中途放棄，付出的努力豈不是化為泡影？事實並非如此。即便沒能實現最初目標，但「開始」本身，以及腳踏實地去經歷的過程，都會成為永恆的寶貴體驗。那種盡力而為的記憶，會造就比昨天更好的我。「我」，不是靠實現目標而改變，而是忠於過程產生了變化。

盡力而為的記憶，會造就比昨天更好的我。

就算爆發戰爭，吃依然是生存之道

我曾在伊拉克戰場見到烤披薩的窯烤爐。時值二〇〇四年，美國進攻伊拉克，戰爭如火如荼之際。韓國部隊被派往伊拉克南部的泰勒利爾空軍基地駐紮，我也一併受命前往，因而見識到基地上的多國部隊。泰勒利爾空軍基地本身很安全，但基地所在的納希利亞市發生過槍戰，也有人員死傷，所以我看到義大利部隊駐地出現了窯烤爐，感到十分新奇。

雖然是在戰區駐軍，但有人聚集的地方，食物的重要性依然不言而喻。韓國部隊的伙食已經非常美味了，比我在韓國服役待的軍隊醫院吃的更好。不過我逛著其他國家軍隊的野戰餐廳時，吃驚地想著：「啊，原來有這種文化差異啊？」如果在韓國，人們會說：「在殺氣騰騰的戰場，竟然烤披薩？」雖然韓國人是考慮到軍紀森嚴，以及認為軍人應該對基本需求有控制力才這樣說，但其他國家的人可不這麼想。

在義大利軍隊中，軍人中午喝一杯紅酒是被允許的。還有美味的牛排加義大利麵，從開胃菜到甜點一應俱全，我看著那些自助餐菜色，差點發出「哇」的感嘆聲。我問過義大利軍隊的司令官，他們真的會用那個窯烤爐來烤披薩嗎？他回答是的。

義大利軍人每逢週末或特殊紀念日也會吃窯烤披薩，甚至把敵軍用過的火箭筒（巴祖卡火箭筒）拿來裝飾窯烤爐。在我看來，這象徵著無論情勢有多嚴峻、緊張或可怕，「民以食為天」是一貫不變的真理。義大利軍隊向人們展示了戰爭中仍需保有「幽默與機智」。雖然我不知道，義大利司令官是否和我有相同的想法才裝飾了窯烤爐，但至少我是這麼想的。

如果問我，對泰勒利爾基地印象最深刻的是什麼？在戰火衝突的緊張時刻，身為負有使命感的醫生，奉獻犧牲、救助前線戰士的記憶，似乎要回答這些才對……但老實說，我印象最深的是，在美軍基地餐廳裡吃到的龍蝦。也許有人會說：「竟然有這種腦子不清醒的軍醫！」不過這是我的真心話。按理說，正值戰火激烈之際，我身為派遣部隊的一員，前往戰場的工作職責應該要記得更深才對。但說到底，我不過是一名遠離故鄉、被派到荒涼沙漠生活的平凡人，第一個想起的就是龍蝦的肥美肉質，這能怎麼辦呢？

雖說是戰場，卻應有盡有。美軍基地有三一冰淇淋、班傑利冰淇淋餐車，以及各式各樣的披薩；還有簡陋的滾石咖啡廳，在定期舉辦的歡樂時光，軍人們可以喝無酒精雞尾酒喝到飽，甚至有免費的避孕套。這些都是被派上戰場的韓國軍人所沒有的。戰地再怎麼殺氣沖天，也不忘把滿足人類基本欲望和生活樂趣視為理所應當，這樣的異國文化我很欣賞。

無論是多麼激烈、危險、緊張與充斥著高度不確定的未來，並且遠離家人、獨力堅持的情況下，我們也不能失去用餐的樂趣。

不要覺得「準備考試很重要，我正在準備就業考試沒空玩樂；而且心情憂鬱，食物放在我面前我也吃不下。」越是擔心的時候，越要吃好吃的，並且不要喪失幽默感。

戰地再怎麼殺氣沖天，也不忘把滿足人類基本欲望和生活樂趣視為理所應當。

表裡怎麼可能如一呢？

做人太坦白、太直率，並不是一件好事。有時知道也要裝作不知道，而不知道的，裝作知道也比坦白無知來得好。也許有人說這樣城府很深，但適當地隱藏內心是有必要的。

如果有患者問我：「我該告訴同事或上司，我正在接受憂鬱症治療嗎？」我一定會說不要那麼做。哪怕上司說「公司就像員工的家，有任何困難都不要客氣，向上司傾訴吧！」也不要被這種話迷惑。公司是有重大利害關係的地方，把自己的一切投入其中，有朝一日會遭受碾壓。

如果有人高聲說「我很了解某個人」，或一口咬定「一聽某個人的話，就知道他在裝懂」，那麼最好遠離這個人。如果有人評斷你的性格，或用老家、母校替你貼標籤，或是刺探你和誰交情好，那麼最好提防這個人。因為這種人會用刻板印象框住你，如果你違背了他的意思，就會被責備「你錯了」。

「我原先不覺得你是這種人，想不到你有這樣的一面。」比起讚美，人們更常在失望時說出這種話。當人們超越失望感、覺得被背叛的時候，更會提高嗓門說：「沒想到你會那樣做！」職場同事是否會抹黑我？上司是否會支持我？戀人是否真的愛我？……這些從外表是看不出來的，光聽嘴上說的，也無法知道心裡的真實想法。假如我們能看清他人的內心，就不會受人際關係困擾，也不用動腦思索對方是否在背後耍手段，是否騙了我。如果人們都很大方坦露真實的內心，我們就不會受傷。

然而，假如人們永遠心口如一，我們猜得出他人會說的話，也猜得出他人會做的行為，就像收看有著既定結局的電視劇一樣，那麼我們就會失去對他人的好奇心，很快地感到厭煩。相反地，看也看不清，像是走在霧中的感覺，是如此美妙。我雖然不愛賭博，但我知道賭博的趣味，就在於賭客們發動了冒險心，試圖去找出難以探知的隱密訊息。推測、預測並解讀對手撲克臉背後的真實想法，不正是賭博的妙趣所在嗎？人們的表裡不一，正是這個世界充滿刺激與樂趣的原因。

有外表勤快但內在懶惰的人；有做事盡責卻怠於傾聽內心的人；有非常努力傾聽所有人的故事，卻懶於傾聽自我心聲的人；有勤於滿足自身需求，卻疏於照顧他人的人；也有工作資歷累積得很快，品格卻積存緩慢的人；也有理性快速運作，感性思路卻遲鈍的人。

勤快和懶惰，正如銅幣的兩面。我們不該斷言或指責一個人是勤快或懶惰，因為那人有可能表面勤快，卻內在懶惰；也可能表面懶惰，內心卻勤快地打磨著品格。表面的勤快，說不定是那人掩飾內心不安的行動。即便那人貌似發呆、一事無成，搞不好他正在深入內心洞穴，探索內在的潛意識。

我讀精神科時，常聽一位已退休的老教授的教誨。

「不要失去對患者一無所知的心態。」

現在的我，經常通過講座與人們接觸，向大眾剖析人類心理，對人們的內心指點評論。每當這時候，我就像違逆老師教誨的弟子般，感到相當愧疚。越是優秀的精神科醫生，越常把「不知道」掛在嘴邊。因為名為「內心」的井，挖了又挖，掘了再掘，也探不到井底。越深入則越黑暗，以至於看不清許多事。很多時候，即使勉強窺見，也難以探清真實面貌。

心即宇宙，一介精神科醫生怎能通曉宇宙。

人們的表裡不一，正是這個世界充滿刺激與樂趣的原因。

不進行戀愛諮商

我不怎麼懂戀愛。我說我不怎麼懂，是從過往經手案例中得到的領悟。我時常遇見諮商婚姻的來談者，結婚十年、二十年甚至更久的夫妻，彼此發生爭執、反目成仇，天天吵卻還是在一起生活。就算和對方吵到像是有不共戴天之仇，但遇到事情時，他們照樣能發揮「夫妻同心，其利斷金」的力量。夫妻是人與人相遇、相愛而延展出的關係，外人無從置喙。

根據夫妻諮商療程的作用機制分析，外部因素對治療效果的貢獻是百分之八十七，醫師諮商技術或技巧僅占百分之十三。啊，未免太空虛了吧！但這就是現實。如果人們希望由婚姻諮商挽救觸礁的婚姻關係，無異於等待一個我們不知道的魔法到來。

過往的經驗告訴我，進行戀愛諮商的來談者，大多數相信愛情有它運行的倫理。他們深信有個祕訣，能讓他們不被愛情所傷，或能不與對方分手，延續長久美滿的關係。人與人的相遇、結緣到步入禮堂，就像流星撞擊。我們都希望能預測軌道，然而沒有人可以避開遠從天際衝擊而來的流星。因此，任何關於戀愛或愛情的建議，都是毫無意義的。

不是有句話說：「我們真正相愛的時候，是我們不知道為何相愛卻相愛的時候。」我為何喜歡那個人、為何陷入愛河，追究這些原因只是在玩文字遊戲罷了。愛，是沒有理由的。誰愛上誰，是一個無法用理智解釋的爆炸性事件。如果能劈里啪啦列出我喜歡那個人的理由，那不是真正愛上的理由，搞不好還是不愛卻想自欺欺人的藉口。假如我們不知道自己真正想要的是什麼，那我們也無從了解愛情的真正動機。

很多年輕人都覺得自己是戀愛苦手，這是因為實戰經驗不足。我們必須清楚認知自己的行為，會如何影響到對方的情緒和行動才行。戀愛就是要親自上陣，方能熟悉失敗和痛苦的經驗。我作為局外人站在一旁，每當看見來談者在需要臨機應變的時刻，偏偏糾纏於「為什麼」而動彈不得時，常常替他們心急鬱悶。

和他人同心協力書寫人生故事，無論古今中外都是難事。如果我們渴望戀愛導師給出好建議，這就如同看了影評就以為看完整部電影而大放厥辭，也如同去了電影院不看電影，卻只是狂吃爆米花和喝可樂。

愛情，豈不是一種魔法嗎？無從解釋、如同魔法「鏘」一聲實現出來的，不就是愛情嗎？想替愛找解釋，不過是為了安慰自己而編造出的理性謊言。

英國樂團「老媽的槍桿子」（Mamas Gun）有一首歌叫〈愛的邏輯〉（Love Logic），就在描述愛情不是邏輯，而是魔法。「愛情怎麼可能靠邏輯理解！」是這首歌傳遞的主要訊息。即使笑容化為淚水，天崩地裂也不要灰心。沒必要去咀嚼挫折，也無須感嘆沒有邏輯能正確理解愛情，因為愛本如此。

有些事明知不可為而為之，明知希望渺茫也要勉強一試；有些事明知注定失敗也得親身體驗失敗的滋味，明知走上那條路途有痛苦也不得不放手一搏。人生這種事數不勝數，愛與戀愛就是其中之一。也許人類宿命本就如此，可悲的是我們無力擺脫這樣的宿命。

沒必要去咀嚼挫折，也無須感嘆沒有邏輯能正確理解愛情，因為愛本如此。

不要再提才能！

身為精神科醫師，最常聽到的一句話就是：「我不知道自己擅長什麼，我好像沒有才能。」究竟，要如何找出才能？來談者總是感嘆：「別人都很清楚自己的才能，也知道怎麼善用，我卻不知道自己有什麼才能……」真的是這樣嗎？事實並非如此。

如果要我們說出自己的優點，大多數的人都無法立即回答，因為我們不太了解自己，就算有模糊的想法也無法確信。某一項研究結果指出，當人們被問起：「你的優點是什麼？」能不假思索回答的人只有百分之三十。美國經營學家彼得・杜拉克（Peter Drucker）曾說過：「人們自認為知道自己的優點，但這種想法經常是錯的。人們自認為更了解自己的缺點，但這種想法錯的時候遠多於對的時候。」所以，不用覺得只有自己找不到才能而徬徨、羞愧。

比起事事如意的時候，人們更常在灰心與憂鬱時懷疑自身的潛力。倦怠的代表症狀之一就是——對長久以來自我認知的優點起疑。我們因工作精疲力竭時，會反覆喃喃地說「我好像做不好現在的工作，我好像能力不足」，以為發現了自己的真面目。不要被無精打采時對自身能力的疑心所矇騙，要提醒自己，我現在是因為太累了，所以才看不見自己的優點。請對自己說：「是因為不安的心情，我才暫時失去自我肯定，我的潛力並沒有消失！」要信任自己才行，「才能」這種東西，是始於不失去對自己的信任。

才能=時間×偶然

定義才能的方式因人而異，而我是這樣定義才能的。才能是通過時間的作用所獲得的價值。無論以何種型態，隨著時間流逝必然顯現於外的，便是才能。在偶然的遭遇與體驗後，會恍然大悟：「原來我的才能是這個！」也就是說，等到才能之花綻放時，回溯過往才確認了才能的確切存在。就像尋找天上的星座一樣，我們找出的不就是「連接點」（Connecting The Dots）嗎？正如把一顆顆看似獨立的星體連起來後才能找出星座，才能也需要時間進行連結才看得見。

自己的往日經歷在某一刻變得有用時，我們會產生如同驚人魔法實現，或是將拼圖碎片拼回原處般的喜悅心情，會浮現「原來這就是我的才能！」的念頭。如果我們過分執著於「發現才能」，那麼什麼都不會找到。用迷惘的心態刻意描繪出的才能，不過是海市蜃樓。所謂才能，必須和現實衝突後才會綻放火花，沒將自己拋入世界就先哀嘆「我沒才能」，只會讓自己落入尷尬處境。縱使是為了薪水才每天乖乖上班，藉著工作我們也能建構自我認同感。只有極力挑戰一切，將自己逼到極限後才會開竅——原來這就是我能做得好的事。

雖然我不清楚其他領域的狀況，不過我所在的醫療界，那些被大家尊稱為醫學權威的醫生中，很多是因緣巧合才成為該領域的翹楚。如果問那些醫學權威是怎麼選擇專業領域的，往往會得到以下回覆：「我本來想學其他專業，恰好交情好的學長請我喝酒，說醫院缺住院醫師，勸我加入，我才開始接觸這個專業。」或是：「雖然考取了專業醫師執照，打算全心研究我的專業領域並替患者看診，偏偏找不到工作，就在心灰意冷之際，碰巧陌生的科系有了缺額，我努力學習新領域後才有了今天的我。」人的命運不是刻意的選擇，而是願不願意接受找上自己的偶然。

倘若對世事尋根究底，會發現一切皆是偶然。隨著年紀增長，我越來越相信偶然支配著人生。才能也一樣。打從出生以來，或是長大成人後，迫不得已走上過去未曾計畫過的道路，沿途中得到了像寶石一樣、想著「這是什麼」的禮物，那就是才能。

世事不如我願、被偶然嘲弄、超越自身的、靠自身力量辦不到的、只能接受的、動彈不得只能待在原地不動的……雖然遇到了這種狀況，還是充滿期待、希望或盼望，在無數次反反覆覆的信念中也不放棄的，也許在那種地方，「等待」是可成立的。

——《關於等待》（「待つ」ということ，暫譯），鷲田清一

一邊積累經驗一邊等待，「才能」會在人生中慢慢地成長，而我們終在某一刻向世界展示它的存在。

「才能」這種東西，是始於不失去對自己的信任。

那些想像的禮物

來到智異山腳下看星星的我，回想起高中時，和同學在晚自習時間坐在操場上並肩觀星的回憶。當時大夥兒閒聊著：「以後我們會變成這世上什麼樣的存在呢？」關於「我是誰」、「我將去往何方」，雖然小時候經常想像這些，但這些問題逐漸被流逝的歲月抹去。星星具有刺激想像的力量。如果把時間磁帶倒轉，我們會發現當年的想像化作現實的寥寥無幾。夢想不是一定要實現才有價值，努力去實現某件事本身才是重要的，哪怕夢想不成真也沒關係。

有人問我：「如果你的大腦只能留下一件事，其他全會被奪走，你希望留下哪件事？」我回答說，我想留下「想像力」。我想留的不是記憶力、理解力、語言或數理能力，我會懇求奪走我一切的人不要帶走想像力。如果上帝此刻出現在我面前，命我許下心願，我會祈求祂賜我擁有孩童那種強大的想像力。

我們身處痛苦和艱難的現實中，之所以還能懷有希望，是因為我們能想像現在不存在的時空，能想像當身上的打擊消失時，未來所能擁有的東西。因為想像，我們得以免於挫折。在極限環境中還能抱持正面態度，縱使絕望也能樂觀以對，這都是因為想像力。它幫助我們撐過殘酷現實，否則我們無法擁有這股力量。

綜觀這世上已知能促進精神健康的心理療法，其共同核心就是「培養想像力」。人們能夠萌生改變的念頭，就是在積極想像未來變化時產生。如果我們渴望過另一種人生，我們就得在腦海中生動地描繪出自己變化後的模樣。「試著把現在面臨的問題擱在一旁吧，五年後的你會是什麼模樣？」這種刺激想像力的提問，能驅使人找到當下該做的事。

如果你遺忘了自由、純粹和愉悅，並厭惡日復一日的枯燥日常，不妨嘗試心理學家卡爾・榮格（Carl Jung）提出的「積極想像」（Active Imagination）。積極想像指的是，將自己當成存在於自身以外的客體，不做批評並積極地接納無意識中產生的情緒、幻想或白日夢。積極想像是人類最出色的精神活動，是將藏匿於無意識中的人格統一起來的心理技法。我這麼說，可能會讓人覺得這是高深的心理技法。其實不用把它想得太難，僅僅是透過繪畫、玩泥巴、跳舞等活動，把自己與隨之而來的感動連結，並沉浸於體驗中。像孩子一樣玩耍，展開想像的翅膀躍入自己的內心就行了。

如果沒有想像力，就永遠無法建立同理心。想像力沒啟動、那種不確定性的跳躍思考沒展開，我們無法在內心重現他人的內在世界，也就沒有共鳴可言。不僅是同理心，諸如親切、關懷和謙遜等各種美德，全都是在想像他人生活時才會發生的情緒，而非想像自己的生活時。人類之所以成為人類，全是因為想像力，就連愛情也是想像力的產物之一。

你認為愛情等於「現實」嗎？沒這回事。為了某人、為了某人而犧牲、迫切地思念某人……如果這是現實的話，那麼這裡就是天堂……這是一開始就不會在現實中發生的事。其實，愛一個人就是去想像某人。想像那個馬上就會變得無趣的人……為了避免流逝的歲月使他無趣所進行的提前想像。

——《悼念公主的帕凡舞曲》（죽은 왕녀를 위한 파반느，暫譯），朴玟奎

所謂愛情，說不定就是在腦海中天馬行空地編故事，是毫無根據的想像所創造出來的。因此，以想像為跳板而縱身跳躍的人，身後總是帶著痛苦。愛情降溫亦是如此，無論多努力，當戀人心中失去想像時，愛情就會消失。

默溪，是位於智異山深處的一座村莊，那是個連溪水聲都死寂的地方。我望著與世隔絕的連綿山巒，感受到從世上任何藝術都無法體會的崇高感。啊，如此看來，名為「崇高」的情緒，不就是當我們無法用任何語

言去表達，而以想像去探索其本質的感受嗎？我望著坐落於默溪美麗幽靜的山寺裡，大雄寶殿前庭的無數蓮燈，雙手合十祈禱：「請保佑我事事如意……」懷著希望的想像化成了現實的殷切願望，沒錯，祈禱就是殷切的想像。

祈求難以成為現實的某項事物成為現實，閉眼朝天磕頭的祈禱行為，每每始於想像，終於想像。儘管如此，脆弱的我們仍一而再、再而三地倚賴想像帶著我們對天祈禱。

「請保佑我事事如意……」

滿天星斗的智異山夜空，我的想像也多如繁星。

試著把現在面臨的問題擱在一旁吧，想像一下五年後的你會是什麼模樣？

變卓越的十一個基本原則

如果繼續按照現在的生活方式，是無法變卓越的。為了變得卓越，我們必須尋找別種生活方式。為了自信地抬頭挺胸，我們必須遵守基本原則。其實，如果能堅持幾個單純的原則，就必定能變得卓越。

1 要守時。有時候，我會遇見事先預約的患者無聲無息地爽約，或是我特別空出一小時諮商時間，患者卻當天取消，使我多出意外的空檔。有些人把嚴格守約的患者視為有強迫症傾向，我不這麼想。在我看來，盡力遵守預約日期前來就診的患者，大部分預後良好，這是他們為了好起來、為了遵守基本原則所做的努力才有的結果。有些患者沒來，改到其他醫院就診，對這種情況我不能置喙，但我最怕患者屢屢失約，卻也不去別家醫院。這會造成療效不穩定，想當然耳，預後也停滯不前。至於習慣性遲到的患者，則通常想藉由遲到彰顯自己的重要性。也就是說，藉由讓對方等待，來證明自己的存在比對方的時間更重要。卓越之人，是懂得重視他人時間的人。

2 信任出自行動，而非語言。什麼事都是口頭說說卻沒付出實際行動，就無法變得卓越。我們從一個人的行動能看穿他的為人。常常空口說白話會成為無法被他人信任的人，因為沒有人天生如此，所以沒有比光說不練更糟糕的人了。即使做了會失敗，只要話說出口，就要採取實際行動。

3 請無視不佳的人際關係，並專注於工作上。我們必須接受，就是必須和這種人一起工作與生活的現實。天底下多的是討人厭的傢伙，「為什麼我偏偏和那種人在同一間辦公室？那種人為什麼好死不死是我的上司？那小子為什麼那樣對我說話？」諸如此類的想法無法創造變化，人終究無法改變人，想這些事不過是白白浪費精力。我們要忽略這些想法，在工作領域上有傑出表現才行。我過去也遇過很多讓我身心俱疲的人，實在太累人了。不管我怎麼做，那些人仍舊自行其是，即使刻意忽略，他們卻好似下定決心要折磨我一樣。有件事我們必須銘記在心：能讓名為「我」的人變得卓越，不是因為我和糟糕的人相處融洽，而是我做了傑出的工作。

4 我常常強調，變卓越的重要方法之一是「每天早上沖澡」。不一定非得早上，但每天一定要把自己洗乾淨一次。我會要求有氣無力的患者早起沖澡。早起睜眼卻賴在床上發呆，絕對無法提振精神。即便有些患者會賭氣說：「我很努力了，但就是爬不起來，怎樣都起不來！」我都主張，起床沖澡絕對是能力可及的事，只要逼自己去做，都有助於快速改善無精打采的症狀。一旦養成早起沖澡的習慣，就算無力感再次找來，患者也能靠自己的力量撐過。如果不想到精神科諮商、不想吃藥，又想擺脫憂鬱症困擾的話，每天早起沖個熱水澡提高體溫，再怎麼提不起勁也要遵守這個規則。如果能做到，絕對可以大幅降低憂鬱發作的頻率，縱使發作，也只會是輕微的。

5 衣著整潔，是照顧自己的方式，也是尊重他人。不尊重他人的人，不可能變得卓越。珍愛我們的身體，能讓我們也珍愛他人。不要只是嚷著「我變得好憂鬱，好對不起家人」，現在馬上就起身去沖個澡，才是真正替家人著想。

6 短期目標和計畫固然重要，但我們還得繪製未來的人生藍圖。我們要清楚了解能帶來喜悅的人生志向，比方說：想活出成長的人生、獲得豐盛成就與成果的人生、過著快樂喜悅的人生、想照顧他人並感受和他人連結的人生，或是想獻身給社會價值的人生等等。所謂「努力」，指的是保持或擴展自己屬性的內在努力。所以我們要擁有能讓人生更上一層樓的人生志向，並朝那個方向走下去，名為「我」的人，才會在過程中變得卓越。

7自己決定的人生困難重重，相比下，聽從他人指示的人生就輕鬆簡單多了，這是因為如果人生出了錯，我們可以怪罪他人，無須承受壓力也不必肩負責任。但要是因此選擇後者，我們將無法變得卓越，因為他人指示的路不是我們的人生之路。人生方向得由我們親自決定才行，藉由實踐每天的例行公事，走向自己制定好的人生方向。

8要尊重他人、關懷他人，並且對他人親切。做不到這些，要變得卓越即是奢談。一個成功、有成就、有所成長的人，愛他人如愛自己。切莫苛刻待人，哪有比造福他人更棒的事？竭盡心力做到這些事，我們就會逐漸成為卓越的人。讓別人的心舒服，自己的心也會變得舒服。關懷他人能使自己成為更好的人。

9承認自己的錯誤和缺點，也是變卓越的必要條件。人人都會犯錯、都會有缺點，不認錯的人也容易刻薄對待他人，而過分責備自己缺點的人也不會寬恕他人的錯誤。相反地，懂得認錯的人會寬以待人，這種人會把失誤當成學習的過程，相信對方的錯誤會使對方變成更好的人。人是會改變的，我也會改變。卓越並非源自完美。當我們能包容自己的缺點、將缺點昇華為個性特質時，我們將變得卓越。

10 絕對不要公開批評他人的錯誤。最差勁的上司會在會議公開場合上揭露、批評下屬的錯誤，讓下屬接受「公審」。這種上司鼠目寸光、缺乏遠見，如果你遇到這種上司，就無視他吧，致力於讓自己變得卓越就好了。我們常見到職場上司或前輩，將譏諷當成激勵下屬或後輩工作動力的手段，遠離這種人吧。不需要努力去看清他們，他們不過是把指責他人錯誤和缺點作為炫耀自己力量的手段，將下屬視為提高自己權威的工具和消耗品。但是，不要大動作地疏遠他們，因為這種人多半生性多疑，很容易看穿你疏遠的意圖。不動聲色地避開他們，全心投入工作就對了。

11 不要自認反派去懲罰他人，反正這世界不會改變；也不要傳遞悲觀主義的言詞，因為人生就是如此。光明與黑暗、黑與白、善與惡永遠同在，驅逐其中之一，只剩善與光明的世界絕不存在，這天永遠不會到來。以警察自居，用過剩的正義感替他人定罪，自以為在祛除罪惡的行為是毫無意義的。就算做了這些也不會改變任何事。惡或許會暫時消失眼前，但另一種惡會再次找來。放下惡，努力錘鍊自己，使自己變得卓越吧。不要對他人的惡行咆哮或扔東西，別那麼殘忍。以暴祛惡，惡就會從此雲消霧散嗎？不會的，這只會讓自己成為暴徒。

為了自信地抬頭挺胸，我們必須遵守基本原則。

增加回憶的密度

我的日常很單純：清晨起床到書房看書，接著目送妻子和女兒上班上學，診所上午十點開始看診，通常我是家裡最晚出門的人。洗碗、從洗衣機取出衣物晾曬，是我的早晨例行公事，沒看診的週三上午還會打掃家裡，忙完這些我才出門上班。一整天看診直到晚診結束後，會留在診所看書，等國中生女兒補習班下課再一起開車回家，為一天的工作畫下句點。

深夜的補習班是座不夜城，接駁車和學生家長的車，常常把道路擠得水洩不通，如果想在下課時間準時抵達，就得提前出發才行。我載著剛下課一臉疲憊的女兒回家，這趟路途的氣氛很適合中年老爸與青春期女兒聊天，車內變成深夜諮商所。

一肚子苦水的女兒吱吱喳喳說個不停。數學補習班作業太多了，週末都不能好好休息；偶像男團「Wanna One」在音樂節目的第一名被女團「臉紅的思春期」奪走，很傷心；好友與媽媽吵架，當了和事佬卻沒獲得班導讚美，很鬱悶；哼著與朋友們去投幣式KTV唱過的歌；很擔心即將到來的期中考，凡事變得很敏感……。雖然我無法完全了解國中女生的內在世界，但我還是會笑著回應說：「是這樣子啊。」

「跟爸爸說一件今天發生的趣事吧！」

女兒卻說：「升上國中後，沒什麼有趣的事。」雖然人至中年的我，對於能度過平安無聊的一天已感到滿足，但想到女兒正值該快樂享受的國中女生年紀，卻說不出一天發生過哪些趣事，這讓我感到很惋惜。無論如何，一天起碼會有一件趣事才對吧？她一定是因為讀書寫作業太累才想不起來吧，我試著找理由說服自己。

我是精神科醫師，不是教育專家，所以沒有特別的教育訣竅。日本精神科醫師暨文學家中井久夫說過：「不分家庭和學校，都習慣替教育穿上名為『強迫性』的過小衣物。」如同他所言，我也認為壓抑孩子天性的教育越少越好，但每次說這種話都會被妻子斥責不懂人情世故，我只好閉嘴。我對女兒沒什麼期許，如果非要說一個，那我對她最大的期許是：希望她成為回憶密度比知識密度更高的人。

我活到今天，常常因為遭受意外之事的打擊，而想放棄、想逃離、想無力倒下。在事情只有些許好轉的跡象下，我之所以能撐下來，全拜天上的外公留給我的回憶所賜。外公在我上小學前撒手人寰，但我至今還清楚記得和他共處的回憶。像是小時候去外公的牙醫診所看見閃閃發光的金屬器械，感到太神奇而耍賴不肯離去時，他就用三輪車載著我遊玩；只要我喜歡的東西，外公會毫不猶豫地送給我；他也用溫暖的雙手抱住吃飯會挑食的我；或是在外公家的臥室裡，坐在他的雙腿之間，祖孫一起看電視的溫馨感……。時至今日，每當我迷失人生方向，感到徬徨掙扎時，我還是會和外公對話。我總覺得如果我問他：「我該怎麼辦才好？」他一定會給我答案。

究竟我在女兒心底會留下什麼樣的回憶呢？就算不是我，我也希望女兒能擁有更多與身邊之人的溫暖回憶，和那些回憶一起長大。願她能成為回憶密度高的人，跟那些回憶一同成長，戰勝未來的人生難關。

我對女兒最大的期許是，希望她成為回憶密度比知識密度更高的人。

一個人爬山吧！

我在醫學系預科二年級*時聽了很多課，不過當時學長說升上本科後會沒時間玩樂，要趁預科時大玩特玩，所以聽話的我一有空就看電影、看書、聽音樂、唱歌和喝酒，也就記不得課堂上都教了什麼。鬼混的日子裡，最讓我印象深刻的，就是韓國各大國立公園的攻頂之路。我不敢說我很會爬山或很享受爬山，但當時我確實爬了不少名山。

大學前我沒認真爬過山，一直到大一暑假才跟著高中學長去了智異山。攀登智異山是我人生第一次登山。攻頂時，登上雲霧中的山峰，那種

---

*韓國醫學系為六年制，兩年預科（醫預科）加上四年本科（醫學科）。

感覺仍舊難以忘懷。如今回想起來，另一趟爬雉岳山則可說是最可怕的一次經驗。險峻山路不少（不知現在是否如此），還有許多容易讓人滑倒的大塊石礫。我還記得彷彿攀岩一樣的攻頂之路，從山頂眺望下方的陡峭懸崖時，雙腿發抖的感覺。

我也曾和十幾位學長學弟一起爬寒冬下雪的雪岳山。山腳下的民宿屋頂堆了厚厚白雪，鵝毛般的大雪將我們困在狹小的民宿四天三夜，寸步難行，全靠說冷笑話打發時間。我還記得，到了第三天，背包裡的一些白米和小菜掉在路上，最後十幾個人瓜分幾包珍貴的炸醬麵醬料拌飯吃，我看見學長飯上滿滿的黑色炸醬，我卻只能乾吃白飯時的背叛感（那些學長開口閉口就說自己很愛護學弟）。

當我無力憂鬱時，我會想起小白山。儘管我只爬過一次，卻像去過許多次一樣，小白山的光景歷歷在目。還有哪一座山的山頂，能擁有這麼遼闊的平坦之地呢？更別說那綻放的鮮花了，我攻頂時就正值花朵怒放之際呢！此外，翻越峻嶺後在半山腰看見的深灰色枯樹，也讓我留下深刻印象。正是因為擁抱了枯木、小花、險峻上坡路及山頂的寬闊之地，小白山才獲得了「母親之山」的別名。

我在爬小白山回程時，發生過一個插曲。當時我和兩名學長一起在山腳下過夜，隔天一早就上山了，並於當天下午下山，趕搭回程火車。我們三人在凌晨三點抵達目的地車站，一名學長打算在車站休息等首班客運回學校。實際上，我們三人勉強能湊出計程車錢（費用與三人的客運費總額差不多），到今天我還是不懂那位學長為什麼堅持睡在火車站等首班客運。總之，我們三更半夜在車站裡發呆，睡意濃厚，腿又痛，我們索性在火車站鋪報紙打地鋪，當了短暫露宿車站的流浪漢。雖然現在的我無法想像睡在髒亂的地板上，但我覺得當年的吃苦之旅很帥氣。講真的，打地鋪不算吃苦，頂多是很髒，但我深信這種經驗能昇華成浪漫。

最近思緒卡關，我就去爬牛眠山。這座山不高，說是「攀登」很尷尬，不過一口氣直攻山頂的「所望塔」還是讓人全身舒暢。我會拿出放在背包裡的戶外椅，在樹蔭下攤開坐著，放眼望著綠意盎然的草地、鬱鬱蔥蔥的樹林與天上的雲朵，原本僵硬的大腦變得柔軟。只要和山、和樹在一起，原本絞盡腦汁都想不出好主意的腦子就能靈光乍現：「就是這個！」

儘管礙於現實考量，我只能攀登位於首爾南邊的小山，但我相信爬山能讓我精神抖擻，全是因為二十歲的登山經驗。縱使我的生活環境隨著漫長歲月的經過而起了變化，但我的身體還記得那時候的感覺。我之所以一疲憊就想念山，是因為積累在我體內的往日回憶，讓我想用身體重新感受那個空間。

萬一，哪怕是萬分之一的可能，那個空間能讓我心往神馳，我就會自問：「為什麼會這樣？」我的想法是，因為匱乏感、欲望、潛力、憤懣和創傷等各種累積起來的情緒，到了那樣的空間會自動發出聲音吧！也許是遺失的童心，也許是被周遭事物掩埋的自我，也許是躲藏在潛意識中的陰影，它們到了能放心露面的地點時，就會出來伸懶腰。

各位如果也有能坦露心聲的空間，千萬不要錯過那裡，試著找出那個空間和「我」結下了什麼樣的關係，以及為何能帶給自己這般感動。必須找出理由才行。因為尋找被「我」與空間之間的化學作用而誘發的情緒，也是尋找自我的路徑。

我只要和山、和樹在一起，原本絞盡腦汁都想不出好主意的腦子就能靈光乍現。

喜悅如何到來

說起「精神治療」，大家應該會想起西格蒙德・佛洛伊德（Sigmund Freud）的精神分析或榮格的分析心理吧？相較過去，現代的心理治療變得更加多樣化。我們依然能用過去的心理概念，諸如：潛意識（Unconscious）、超我（Superego）、原型（Archetypus）、阿尼瑪（Anima）和阿尼瑪斯（Animus）解釋人心，但我們也能用接納、承諾、價值和目標等現代心理概念去解讀。不只心理分析概念變得多元，心理療法的種類也變多了。近來受到矚目的是第三波行為治療（3rd Wave CBT），包括「行為活化治療」（Behavioral Activation）*、「接受與承諾治療」（Acceptance and Commitment Therapy）**，以及「辯證行為治療」（Dialectical Behavior Therapy）***。此外，我想提的另一種療法是「慈悲焦點治療」（Compassion Focused Therapy），正如其名，慈悲焦點治療是藉由對自己和他人產生慈悲與憐憫情緒，以擴張與憐憫相關情緒為目標的療法。

慈悲焦點治療認為人的情緒由三種系統調節。第一個系統是「威脅保護系統」（Threat-Focused, Safety-Seeking System），工作、健康或愛情遇到危險時就會啟動這個系統。這個系統主要由血清素操控。現今的社會是讓我們的威脅保護系統持續性「開啟」（On）的世界，人們再努力也無法擺脫失業危險，再努力保健也阻止不了日益增加的癌症患者數目，再加上意想不到的狀況和意外時時打擊我們。假如威脅保護系統持續處於開啟狀態，血清素將逐漸枯竭。

＊讓患者將注意力放在自己的個人價值，在自我價值的驅動下，藉由外在活動改變內在情緒。

＊＊用各種接納、正念、承諾與行為改變策略，幫助患者增強心理彈性，投入有價值的生活。

＊＊＊基於認知行為療法，幫助患者理解兩件看似對立的事都有可能是正確的，以此類辯證行為的方式來克服憂鬱情緒。

血清素能讓我們感到「安全」，它能調整我們處於危險現實中的情緒，使我們保持平靜。大部分的抗憂鬱劑都能抑制血清素再吸收，或是直接作用於血清素受體，使其提高活性度，幫助憂鬱症患者逃出憂鬱和不安。

第二個系統是「歸屬與撫慰系統」（Affiliative-Focused, Soothing System），當個體因壓力而變得憂鬱時，啟動這個系統能使個體透過他人的撫慰平復心情。過往一直認為人類面對壓力會做出戰鬥或逃跑（Fight & Flight）的反應，但經研究證實，人們更常出現照料與結盟（Tending & Befriending）的行為反應。人們被上級訓斥或面臨和戀人分手的危機時，如果能獲得來自他人而非自己的撫慰，就能感覺到親密感，從而恢復平靜。

催產素是形成信賴感、親密感和紐帶感的要角。催產素不是只有女性懷孕或哺乳時才會分泌，對男性來說，催產素就像抗利尿激素一樣，也是重要的荷爾蒙。催產素能阻止壓力荷爾蒙的負面作用，穩定血壓和血糖。在充斥著各式各樣壓力的世界，我們想守護健康就需要更多的催產素。想讓催產素產生最大效果？很簡單，增加「親密接觸」就可以了。握住心愛家人的手、擁抱他們、拍拍他們的背等親密接觸，就能刺激催產素分泌。簡單來說，只要留在人的身邊增加友情就能刺激催產素發揮效用，就算沒有肢體接觸，只要能感受到親密感和紐帶感，我們體內就會產生更多的催產素。

「誘因導向行為驅動系統」（Incentive-Focused, Behavioral Activation System），則與上述兩個系統互補相成地運作。這個系統由多巴胺主導。多巴胺是驅動我們大腦補償系統的神經傳導物質，當我們面對危險而不安時，這個系統就會開始運作。運作方式有兩種，其一是追求當下快感。然而，追求短時間內的當下快感，會誘發酗酒、賭博、性愛和沉溺精神刺激藥物等行為，雖然能讓我們暫時擺脫不安情緒，卻可能導致將來陷入更大的危險。

另一種運作方式就是不顧危險，為人生目標持續地犧牲奉獻。專注於人生價值和目標的行動能讓大腦分泌多巴胺，我們會感受到熟能生巧、成就感和快感等情緒，也是多巴胺所致。這種運作方式會緩慢分泌出多巴胺，帶來的刺激感較小，不過就像溫突房*的溫度一樣，是長久持續的。最重要的是，這種運作方式不會帶來後遺症，而是會帶給我們名為「幸福」的情緒。

握住心愛家人的手、擁抱他們、拍拍他們的背等親密接觸，就能刺激催產素分泌。

＊溫突（온돌），是朝鮮半島傳統的房屋取暖設施，將石頭烤熱放在屋下取暖。

Chapter 3

走出診療室：尋找美麗人生的路徑

為了看見過去沒能看見、
沒能感受到的事物而探索打轉，
這些深思熟慮的過程才是真確的。

尋找遺失的我

我曾一度辭職，遠走巴黎旅居。我去巴黎沒什麼了不起的原因，不是為了進修或研究任何專業，也沒有要見面的友人，語言更是不通。我純粹期待把自己置身另一個空間，讓心能有些變化才去的。我沒有必去的理由，也沒有一定得是巴黎的原因，沒有預定計畫，我就是想這樣做。

我成天在巴黎市區漫步閒逛，隨意找地方坐下閱讀，特意挑選平日很少聆聽的音樂。我在雲朵下發呆，凝望著靜靜流過的河水。偷瞄穿著短褲和白色斯凱奇運動鞋的巴黎人，他們手上融入歲月的柔軟皮革手提包吸引我的視線。在這樣不帶地圖的晨間漫步後，我飄移到下一個休憩之處：巴黎現代藝術博物館。

當時博物館特別展廳正在展出卡雷爾・阿佩爾（Karel Appel）*的作

品。阿佩爾如孩童般的塗鴉畫作，讓身為美術門外漢的我印象深刻，我的腳步因此緩了下來。我用雙眼記憶眼前的作品試圖刻印在腦海裡，每逛一幅作品，我佇足的時間就會變長一些。越來越慢的腳步不知何時停了下來。「這種奇妙的感覺是什麼？是因為這幅作品美麗，還是因為與我一開始的期待不同，讓我覺得是真正的藝術？或者說，因為我站在這麼大的畫布前，一下子被震撼了？」我停步細究這份奇妙感的源頭卻不得其解。不過，就像堵塞的道路慢慢被打通一般，在雙腳朝著下一個展廳移動的瞬間，一段往日回憶浮現意識水面——侯賽因，我與一名在伊拉克相遇的孩子侯賽因的回憶。

＊荷蘭當代畫家、雕塑家暨詩人。

二〇〇四年，炎熱春夏走向涼秋之際，我偶遇了一名身世坎坷的五歲男孩。

侯賽因住在伊拉克納希利亞市的某座大橋旁，某一天，從天而降的炸彈落在侯賽因家附近，此後他就不再說話了。他來找我之前看過許多醫生，醫生們都說他的耳朵和發聲器官很正常，可是侯賽因就是說不出話，只能勉強發出呃呃聲。他只能懷抱茫然的期待，希望時間過去能自然好轉，直到後來他聽聞有韓國醫生來了伊拉克，才抱著姑且一試的心態來找我。

侯賽因說不出話也不會寫字，透過畫畫跟我溝通。我努力想讀出他畫在紙上的心聲。我看看他，又看看他的畫，嘗試讀出他的內心。因為就算我問他畫了什麼，回答不了、不會寫字的他也不可能回答我。他不會比手畫腳表達意思，只是沉默畫著，再突然把畫放到我面前。他畫的是家人，還是朋友？紅、藍兩色代表我軍與敵軍的對立嗎？畫是我唯一能了解侯賽因的途徑，我深信畫中有答案；再者，我有股責任感，覺得我得想辦法幫助這名在炸彈攻擊中家破人亡的男孩。於是我盯著那幅畫，苦思幾天幾夜，畫不離手。如今，經過漫長歲月流逝的此刻，我忽然在巴黎的博物館想起那名讓我苦惱許久的孩子。

那時，我已在首爾某家大學醫院工作很長一段時間，有了辭職休息的念頭，也想過轉行，不再當精神科醫師。我以前不是這樣的。過去的我，是韓國最鞠躬盡瘁的醫生之一，不停地閱讀和寫作，努力地探究人類與生活。不過，我就像所有韓國普通上班族一樣，背後有很多不為人知的痛苦，受過不少內傷，一路跌跌撞撞。而且，我的意志和努力都無濟於事，困難屢屢發生。我內心深處有時會湧現憤怒與怨懟的情緒，但由於頂著精神科醫師的頭銜，我也只能自我安慰、苦苦支撐。那段時光的折磨讓我日漸消瘦，遠赴巴黎旅居的我已非從前的我。

我與阿佩爾畫作的巧遇，令我想起了侯賽因，也和年輕熱血的自己重逢……。或許，是冥冥天意讓我在阿佩爾畫作前，找回因疲憊而拋棄的熱情，回到從前的我。

兒童是被拋棄的人、被託付的人，同時也是擁有神之力量的人；兒童是微不足道的開始，也是光榮的結尾。人類內在的「永遠的兒童」，是言語無從表達的經歷，是不適應、障礙、神權、終極價值、無價值，同時體現在一個人格上所不可估量的存在。

——《原型與集體無意識》，卡爾・榮格

冥冥天意讓我在阿佩爾畫作前，找回因疲憊而拋棄的熱情，回到從前的我。

鏡中鏡：諮商的奧祕

我用自己的名字開了家診所。開幕第一個月，我相當不安，其他家診所善用網路宣傳，而我連診所網站都沒架設，很擔心沒有患者上門。以前在大學醫院工作時，不管看一名還是一百名患者，每個月的薪水都是固定的，也不用額外負擔電費和醫院雜支。可是，自己獨立開業後，如果患者太少，別說繳不出租金，說不定連員工都得喝西北風。各種令人不安的想像冷不防地竄上心頭。

不知是否運氣好，我的診所沒有關門，如今已能稍微放心。只要全力以赴、誠心誠意地看診，患者就會陸續上門的信念也增強了。醫生也是普通人，也得過日子，自從擺脫赤字憂慮後，我更能忠於看診的本質，並逐漸享受診療時光。用「享受」形容，可能對患者很抱歉，不過我希望大家可以解讀成這是我對診療的高度投入。

不僅如此，我從中獲得的感受超越了享受，收到越來越多的感動。也許有人會說：「醫生應該要幫忙患者才對，自己在那邊感動像話嗎？」不過，晤談（Session）結束後，一定會有情緒澎湃的時候。有時我無法替不知所措的來談者指出明確方向，也解決不了他們的痛苦，可是他們卻感受到難以言喻的激動。我沒有給出了不起的分析，患者卻能有所體悟，眼神還因此改變了。

這世上沒有適用於所有患者的療法，也沒有任何患者都能使用的療法。對醫生來說，聽從患者的談話很重要。當你從不同角度或全新觀點來看待他的故事時，在某個時刻，你自然會想到一種「對，就是這樣！」的治療方式。

諮商的效力究竟從何而來？無論是正統（Orthodox）精神分析，或是諮商（Counseling）、教練會談（Coaching）*，如果這些方法是有效的，它們到底源自何種機轉？這是所有心理學相關專業人士都想知道的議題，我也不例外。很久以前我就有出書的計畫，構思的主題為：「是什麼治癒了我們的心靈？」我想寫的不是大家耳熟能詳的學術性內容，我想探討的是兩個個體的相遇能產生療效的奧祕。假如比喻成料理，我要挖掘的不是廣為人知的食譜，而是主廚的獨門調味配方，並期待能捕捉到其中的偶然變化。

然而，哪怕我盡最大努力試圖解釋諮商的效力，多數卻不是我能解釋清楚的；就算我以為自己有所領悟，我也沒有說出口的信心，最終我放棄了解釋。什麼才是真正優秀的諮商？用言語絕對無法解釋全貌。

在我看來，也許醫生和患者之間的療癒性對談，就像兩支位階相等的薩克斯風相互交織樂音，演奏出一首爵士樂的過程。一支薩克斯風吹出低

---

*「教練會談」會確定來談者的目標，幫助他們制定必要計畫以確保目標實現。

沉樂音，另一支出聲呼應；一支吹出獨白般的長音，另一支則沉默等待，最後留下不知此曲是否終了的繚繞餘音。雖然樂曲沒有明確的結論和結束，它的目的也不是要將氣氛推向高潮或讓人興奮，但聽完後卻讓心情變得輕鬆。兩支薩克斯風不是按既定樂譜演奏，而是自然而然地輪流獨奏或出聲回應。

而如果一小時的諮商對談，帶來的是強烈的震顫感時，則會令我聯想到鋼琴和大提琴的合奏。大提琴流淌的樂音有如訴說著某個故事，而為了讓大提琴能說出更多的故事，擔任輔助的鋼琴聲細膩尾隨，不搶先、不催促，也不多問。這類合奏總能讓我浮想聯翩，如果患者是大提琴，那麼醫生就是鋼琴吧？我時常回想自己坐在諮商室的模樣，是否就像正在演奏的鋼琴家呢？而我究竟有沒有善盡醫生的職責？

我相信，治癒不是在我改變了某人的目標時完成，而是在分享的對話過程中完成的。我認為治癒不是為了特定目的而進行的，它是人與人之間產生豐富的化學作用時，所生成的附屬物。

——《名為你的鎮靜劑》（당신이라는 안정제，暫譯），金昞秀

由此可見，想要撐過艱苦的日子，我們需要的不是某個改變我的人，而是某個人生的目擊者。

這世上沒有適用於所有患者的療法，也沒有任何患者都能使用的療法。

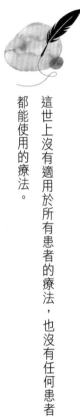

與煩惱散步

有一位來談者看診好幾個月後才告訴我，他之所以心情憂鬱其實另有隱情。「這段時間沒說出來……」他把積壓許久的煩惱和淚水一次釋放，接著迫切地問：「我該怎麼辦才好？」雖然我給了他很多答案，但那些都不是正確答案。最後我不再告訴他當下能擺脫痛苦的方法，而是改口告訴他：「讓我們一起想想吧！」在看不清答案的情況下，沒有比「讓我們一起想想吧」更可靠的回答了。比起冒失的回應，僅僅是有人願意一同煩惱，就足以給來談者力量。

我們之所以想解開人生問題，是因為迫切感。無論這個問題是好是壞、是否會讓人遍體鱗傷或保持完好無瑕，我們都渴求獲得領悟──「原來我體內是這種模樣啊，所以才覺得累」、「原來我有一個懇切的期望，而我把它忘了才活得這麼痛苦啊」。感到煩惱，其實是我們渴望深切感受自我的過程。

我是相信人生沒有標準答案的那一派。雖說不是每個人生問題都絕對沒答案，但我認為能讓人陷入苦惱的問題，往往是無解的。必定有人會反問：「那我們向某人提出生活相關的疑問、跟朋友商談煩惱、請喜歡說教的導師指點前路，又有什麼意義呢？」我們之所以會與人商談煩惱，是我們內心渴望抓住某種事物；身為懦弱的人類，唯有那麼做，才能暫時放寬心，產生被安慰的錯覺。

世上無解的事物比比皆是。有些事也許從一開始就無解，是我們堅信有答案而苦苦尋求解答。哲學家伯特蘭．羅素（Bertrand Russell）不也說過：「對錯並不重要，人類需要『確信』才能放心。」我們體內似乎潛藏著某種本能，促使我們相信某些煞有其事的故事。或許正因如此，我有時遇到要求「馬上告訴我答案」的來談者，總會很煩惱。因為我不知道答案。更重要的是，我不知道教科書之外的人生提問，究竟有無標準答案。

人生閱歷豐富的智者，面對人生問題也無法草率地說「這就是正確答案」。「聽我的準沒錯」——他人給出的建議再正確，外來意見進入我們的內心還是會淪為無用之物。因為只有出於我內心的答案，才能解決我的人生問題。最重要的是，我們對他人充滿篤定的建議必須心存疑慮，這麼做與其說是為了「我」，更是為了說這句話的人。

我本來就喜歡散步，好天氣一定會出門走走，有時雨天也照樣走。我的散步路線沒有目的地，也不會看地圖，純粹信步而行。憑感覺左轉右轉，哪邊好奇就往哪邊走，遇到吸引我的建築物就停步觀察，想走的時候再起步。有時走到某處，我才恍然大悟：「啊，原來我這樣繞來繞去，最後會走到這裡來啊！」這樣的散步行程並沒什麼了不得的，也不會因為走一走就得到人生問題的答案。不過，當我從高處眺望來路時，會產生「是啊，人生就是這樣」的感悟。散步不會讓我產生偉大的點子，卻能使我用更寬廣的視角看待人生。

煩惱有如散步，是一場沒有地圖、沒有既定目的地的散步。解決煩惱不是直奔目的地，而是仔細觀察周遭、開拓視野的過程。說出「讓我們一起想想」的人，就是可靠的散步夥伴。

與其急著找答案，或是找到當下解決問題的方法，我們更應該看重尋求答案而經歷的煩惱歷程。為了看見過去沒能看見、沒能感受到的事物而探索打轉，這些深思熟慮的過程才是真確的。即使最後找不出答案，這段經歷也將帶給我們不一樣的智慧。

解決煩惱不是直奔目的地，而是仔細觀察周遭、開拓視野的過程。

明天的我會更快樂

「聊聊你自己」，這對來談者來說，既陌生又困難。不過如果問「說一說你喜歡的東西」，他們就比較容易回答。

我喜歡日本三菱 **HB** 鉛筆寫在法國常見的克萊爾方丹筆記本上的感覺，也喜歡美國 **2HB** 鉛筆寫在東京銀座文具店伊東屋賣的、貼有紅色標籤的可撕記事本上的沙沙聲。我想要柔順的書寫感就用前者，想要沙沙的書寫感就用後者。去國外參加學會時，我會抽空到當地的文具店，用我蒐集多年的鉛筆試寫當地常用的筆記本。這兩種組合是經過多種鉛筆和筆記本的交錯組合後，所找到的最滿意組合。雖說最近韓國大型文具店也能買到國外品牌的文具，出國時我不一定會特地去買，總之我也已經找到了自己滿意的文具用品。

現在，我正在喝第二杯用星巴克咖啡膠囊泡的咖啡，戴上頭戴式耳機，聽著英國歌手愛黛兒（Adele）的〈讓你感受到我的愛〉（Make You Feel My Love），靜靜坐在空無一人的家中書房裡敲打機械式鍵盤。我的書房有別於氣派的診所裝潢，雖然平凡卻是我最鍾愛的地方。深褐色木桌配塑膠椅，書架是宜家家居買來的橡木色BILLY系列書櫃；後方則是搶眼的紅色沙發，是我十六年前下了很大的決心買下的，有時我會躺在上頭睡午覺。開窗享受涼風吹拂，蓋上一條超細纖維毛毯躺在上面，彷彿置身天堂。書桌旁的窗外，能望見清溪山的山腳、城市大樓屋頂和行駛在南部循環道路上的車輛。窗戶上則貼滿印有今年待解決項目的白紙，每解決一個項目，我就會用鉛筆劃掉它。

平凡無奇的簡單生活，假日坐在書房看書或敲鍵盤，是我的日常之一，也是最舒服、最棒的時刻。有著喜愛的歌曲、滿滿的咖啡因、溫暖的地板，在這個不用在意任何人視線的空間裡，看著窗外的人群和車流，使我感受到「原來我是活在這樣的世上」。

試著探索出自己喜愛的事物，自我認同感會在「我」喜歡的事物聚集在一起、指出特定方向時形成。反覆進行喜愛的事情所積累的情緒，就是快樂。誤把他人所追求的當成自己的目標，將導致「快樂目錄」變得貧乏。一旦喜歡的東西越少，自我越容易被削弱；反之，喜歡的東西越豐富，自我就會越強大。

讓我們一起練習快樂吧，寫下什麼事能讓你的心情變好。不要想得太複雜，想寫什麼就寫什麼。

——欣賞咖啡廳窗外風景

——聆聽女爵士歌手的音樂

——吃生起士蛋糕

——甜點吃阿芙佳朵！

——用鉛筆寫字

——讀日本小說
——戴黃色粗框眼鏡
——坐在厚木桌前發呆

寫越多越好，然後在每一項喜好旁打「快樂分數」。不用想太多，憑感覺打就行了，並且計算一下今天實踐了多少快樂目錄上的項目，得出來的結果就會是今天的快樂分數。如果發現今天的快樂分數比昨天低，就下定決心明天要讓自己更快樂；如果發現今天鬱鬱寡歡，就確認今天的快樂分數是不是太低，不要只專注在壓力和煩惱上，試著實踐快樂吧。

一旦喜歡的東西越少，自我越容易被削弱；反之，喜歡的東西越豐富，自我就會越強大。

試過才知道

跟不知道自己喜歡什麼的人，展開的一場對話。

「如果覺得鬱悶、失去活力，就做運動吧。」

「太冷了，沒辦法做。」

「那就去健身中心吧。」

「室內空氣好混濁、好悶，我受不了。」

「去藝文中心聽講座，如何？」

「我討厭的歐巴桑們都在那裡，我不想去。」

「那跟同學去旅行吧。」

「同學們聚在一起就愛說別人壞話……我不喜歡聽，所以不去。」

「那跟女兒去旅行，怎麼樣呢？」

「我不想造成孩子的麻煩。」

「那一個人旅行呢？」

「我這輩子還沒一個人旅行過……」

啊，真棘手，不知道什麼事能讓自己開心、什麼事能提升動力。

說不定，人生最困難的課題就是「了解自己真正喜歡的是什麼」。我們之所以投入新的體驗，可能就是為了逐一了解自己真正喜歡的事物吧？我們將自己投身到陌生、不熟悉、不自在和厭煩的經歷，才會知道自己真正想追求的是什麼。就像摩擦火柴迸發出的火花般，我們勇於和世界碰撞時才會明白，「啊，原來這就是我喜歡的！」

我們之所以投入新的體驗，可能就是為了逐一了解自己真正喜歡的事物吧？

你想成為什麼樣的顏色？

黑色背景下，最醒目的顏色是黃色。夜空中閃耀的星星，不是白色而是黃色。當人生充滿挫折和絕望、亂世中找不到安身之地時，帶來希望和溫暖的光芒也是黃色的。自古以來，讓人聯想到黃金的黃色，一直是高貴和神聖的象徵。

黃色也是害羞靦腆的象徵。此外，它也代表了剛被扔進現實世界的恐懼，所以幼兒園和校車是黃色的。黃色雖然醒目，卻也經常象徵著剛綻放的生命體，比如說春天的連翹和小雞。人邁出第一步往往會感到彆扭和害怕，不知道該往哪裡走而經常陷入混亂，但無論如何一定得往前走。大膽地走向不確定的希望，這樣的存在也是黃色的。

因此，黃色可說是矛盾的顏色，它是光明、溫暖、希望及高貴的象徵，也是軟弱、害怕和動搖的象徵。據說一七七四年《少年維特的煩惱》一書出版後，很多追隨書中主角自殺的年輕人都穿上了黃色背心，這不正說明了黃色象徵著矛盾嗎？

我替一名高中生進行一年多的諮商，我和他的相遇彷彿經歷了一場精神上的日食。那名學生無意中流露出內心壓抑的痛苦感受，獨特且強烈，讓我印象深刻，就像接近地球的月亮終究無法完全遮掩太陽的光芒一樣，在本影區仍會隱約外露。

那名學生帶給我的特殊感受，是我貧乏的語言無法描述的，我認為它總有一天會昇華為藝術。「他肯定會創造出前所未有、後無來者的某種事物」，我內心這麼相信著。

那名學生的母親告訴我：

「我兒子五歲時，我問過他未來的夢想，他卻說『我長大要變成紅色』。他用閃閃發光的眼神說：『因為變成紅色的話，可以當消防員，可以當玫瑰花，可以當血，也可以當火。』」

長大成高中生的他，來諮商時則告訴我，他立志當藝術家。他的美術和音樂成績很好，也很有天份，我相信他一定能成為不拘一格的藝術家。是啊，如果可以成為紅色，這世上哪有辦不到的事。紅色不正是象徵熱情、能量、動搖世界的力量嗎？這位不想當醫師或律師，而是想當紅色的學生，現在正在美國東部某所大學讀美術系。

那麼換作是我，我想成為什麼顏色呢？我從小就喜歡藍色，襯衫和大衣最多的就是藍色，還買了一堆深藍色褲子。但現在的我只買白襯衫和深灰色褲子，真悲傷。我的顏色在不知不覺間變了，我也跟著顏色的改變而改變了。

現在，我想再問一次：「你的顏色是什麼？」不是那種被資本主義產出的品牌象徵色所迷惑，也不是被政客們拋出的煽動性色彩，而是你內心想散發出什麼樣的顏色？

最近我喜歡亮黃色。啊，難道這意味著過了四十歲的我，仍然有顆新生兒般的心嗎？還是說，我到現在還在尋找光明？

你內心想散發出什麼樣的顏色？

過去的事應該說出來

「我不懂精神科醫師為何老愛追問過去。我以前有過焦慮和失眠的病史，醫師總是要我聊往日的傷痛和心理陰影。我不懂我的過去到底跟焦慮和失眠有什麼關係，因為醫師很愛追問，所以我就不去了。」

是啊，過去算什麼？又不是聊聊陳年往事就能解決當前問題，為什麼精神科醫師總想翻出過去呢？就算回顧往日時光也不會改變現在，更不會保證會有玫瑰色的未來，為何非得要人們聊爸爸、聊媽媽，或傾吐心理創傷？如果患者說「我過去沒什麼特別的」，精神科醫師就會說患者呈現「防禦機制」，而進行「高尚的」分析。事實上，儘管沒證據能佐證傾吐過去對治療心理疾病有所裨益，但「過去」仍然至關緊要。

我們無從改變已發生的事。過去只是過去，但我們可以用不同角度去理解過去，對它產生新的感受。「過去本身」和「現在對過去的解釋」是兩件事，而我們看待過去的態度遠比過去本身重要。

雖然無法改變過去，但我們可以在心理上重組過去，用有意義的方式重新闡釋它。如此一來，就不是過去在支配我，而是我支配過去。也就是說，重要的不是過去本身，而是我們「如何解釋過去」。過去不是單純存在的，它是被創造出來的，我們可以用現在的經驗去重新拼裝記憶碎片。當我們為了推動現在與未來，而將過去變成新的故事時，人生的意志自然會跟著沸騰。

「對人類來說，後悔是什麼？」

後悔？我也常常陷入後悔，比如後悔上醫學系（現在也常幻想當年要是沒上醫學系會怎樣）。如果不是選精神科，而是選了其他科，現在會過著怎樣的生活呢？指導教授一定得是那位教授嗎？一邊想著一邊悔不當初。現在的我和某人相遇結下了緣分，而如果當初遇到的不是此人而是別人的話，我的生活會變成怎樣呢？我會邊想邊描繪不存在的未來。如果能回到那時，我會做出其他選擇嗎？答案是不可能。

我不否認我的選擇帶來了些許後悔和遺憾，但無論如何那都是我自己的選擇，每一刻的全力以赴才造就了現在的我。就算我能搭時光機回到過去，我也沒信心能活得比現在好；就算我的人生能無限重複（雖然會再次陷入痛苦中），只要每個瞬間都竭盡全力，未來回首過往時，縱有遺憾，我仍然會替走過那段時間抵達現在的我感到驕傲。

我們經歷過不想重來、也不想對任何人提起的苦難後，會想盡辦法把它深埋心底（當然也有人不是這樣）。儘管把過去埋在心底，我們還是照樣能交朋友、愛上某人、就業工作、結婚生子，若無其事地過日子。

但萬一某天，我們的心突然變得空虛，那段埋藏的過去一定會穿過心的縫隙，冷不防地襲來；要是我們遭逢另一個危機，或是走到了四十歲或五十歲的人生轉捩點時，埋藏的過去也會像地震一樣，使內心動搖。

對人生感到越徬徨、覺得自己走到了不想去的地方，往日的傷痛就越是噴湧而出。如果那段痛苦的回憶過於龐大沉重，人生就會像沉船一樣停滯不前。

我們應當從心底取出過去，將其化為語言，並學會重新擁抱它，使之與自己融為一體。換言之，痛苦的過去藉由語言走向世界，成為全新的故事，再重新回到我們體內，成為「我」的一部分。

如果能做到這樣，過去將不再是絆腳石，反而能幫助我們更專注當下，更勇於邁步朝向未來。隱密的過去昇華成特別的歷史時，我們才會發現自己的真正價值，也許這就是為什麼我們需要聊一聊過去的精神療程。

我以為我知道自己的過去，但那似乎是謊言。不懂今日的我，不可能懂過去。我以為有因才有果，但那似乎也是錯的。無果，何來因。我以為天體有重力才得以運行、蘋果才會掉落，但這也是相反的。是在英國鄉村的蘋果掉落之後，才有地心引力一說。

——《橡樹》（橡の實，暫譯），吉村冬彥

當我們為了推動現在與未來，而將過去變成新的故事時，人生的意志自然會跟著沸騰。

情緒中永遠藏有需求

情緒，根據是否有助於生存而分成「適應性情緒」（Adaptive Emotions）和「不適應性情緒」（Maladaptive Emotions）。所謂的適應性情緒，指的是不分現在和過去，皆有助於個人生存的情緒；不適應性情緒，指的則是妨礙生命力維持的情緒。雖然不適應性情緒也可能對過去有幫助，但大部分的情況來看，這種情緒對於適應他人和世界的效用並不大。

情緒也可分成「原級情緒」（Primary Emotion）和「次級情緒」（Secondary Emotion）。原級情緒是對外部刺激做出適應性情緒的反應，就像孤獨時會做出親密舉動、被他人侵犯界線時會感到憤怒、失去事物時會覺得悲傷一樣，適應性情緒被引發是很自然的。在沒有認知介入的情況下，個體自動做出最合宜的行動，其隱含的原級情緒就越多。

次級情緒則是指在原級情緒發生後，套用情緒公式（個體處理情緒的內在模式，統合了記憶、經驗、印象和情緒等各種要素）衍生而成的情緒。次級情緒會在我們評價情緒，或者因人際關係產生糾結時生成。換言之，我們無法接受固有的原級情緒而加以評價，並指責自己為什麼會產生那種情緒，企圖扭曲在原始感受時產生的情緒，就是次級情緒。

次級情緒融入了過去經驗，我們對於和情緒有關的人際關係記憶，會影響日後的情緒反應。比如說，從過去記憶中學到生氣是不好的情緒，這樣的人日後在處於應該理直氣壯地生氣並保護自己的情況時，也會壓抑情緒，把自身需求擺到後面。或是從過去記憶中學到不能依賴他人，這樣的人一感到孤獨時就會產生不好的情緒，並且為了撫慰孤獨而迴避親密行為，然後變得更孤單。

我們得確認藏在次級情緒後的原級情緒，只有滿足原級情緒內含的訊息和需求，情緒才能了結。情緒中永遠藏有需求，我們會把想要的事物等資訊，也就是我們真正的需求藏在情緒中。情緒是告知需求的重要關鍵，必須理解背後的資訊及具有建設性的行動才能完成。我們該以自覺和理解為起點，用語言把情緒加以象徵化，用可溝通的型態表露給他人和世界知道。只有情緒的需求被滿足，情緒方能「告一段落」。

我是怎樣的人？我有什麼情緒？我的情緒背後隱藏著什麼需求？這些我們都能通過感覺和經驗得知。假如能正確地認知情緒，用語言將其象徵化，我們就能更穩固地掌握對「我」這個人的感覺，了解我想要的是什麼。正確地認知情緒，是確立「我是誰」這種自我認同的必要條件。

情緒中永遠藏有需求，我們會把想要的事物等資訊，
也就是我們真正的需求藏在情緒中。

治療不是為了創造好人

說起「夜店」，我眼前就會浮現峇里島水明漾海邊的KU DE TA，當時的我認為夜店KU DE TA就是水明漾海邊的珍珠。大海、天氣、美食和美景已經夠棒了，而KU DE TA讓這一切變得更美麗。每次的長假，我就會下訂水明漾海邊的小旅館，然後天天跑去KU DE TA看夕陽。

這裡是峇里島水明漾的KU DE TA。我凝望落日，喝著啤酒，想著哪一天要是我時日不多了，我一定要再訪這裡。嘈雜的音樂和寧靜的大海，空氣中飄散的西式料理與大海香氣，夕陽落下的海洋和柔軟的靠墊，實現這種不搭調組合的地方就是KU DE TA。如果有一個地方，能象徵充斥矛盾的人生也能達到和諧，我想非此處莫屬。

——《名為你的鎮靜劑》，金昞秀

這個地方彷彿是人格面具（Persona）*和陰影一起投射的現實空間。背對大海的我，會看見被激情節奏刺激的空間，人們情緒漲到最高潮，有隨音樂搖擺的人、喝酒的人，也有大聲交談的人。圍繞著吃、喝、搖擺、眉飛色舞的空間，就是KU DE TA。但如果轉身望向大海，那裡又是另一個世界。迷人的日落時分，讓人內心澎湃的聲音逐漸平息，我望著遠方大海落下的太陽，再次找回平靜，感受到平和、安心和慰藉。

人人都有兩面性，美好的性格或特質必然伴隨差勁的性格。駑鈍的陰影會在聰敏人的潛意識中扎根；浮躁的陰影會出現在穩重大方者的身後。

＊心理學家榮格提出的概念，意指人在不同的社交場合中，會表現出不同的行為規範和模式，宛如戴上不同的面具。

每個人都會把自己差勁的一面推入陰影中，在行為舉止間，刻意或不經意地將它當成不存在的一部分。然而被壓抑的弱點和缺點、自卑和創傷、衝動和情緒，並不會因此消失。

如果為了成為一個十全十美的人而一心壓抑陰影，做出不像自己的舉止，那麼總有一天會被陰影蠶食，甚至出現讓內心不適的心理疾病，最終失去生存的力氣。如果沒意識到陰影的存在，陰影就會化身惡夢與妄想的猛獸滲透到潛意識中。無視自己陰影的人，終究無法成為真正的自己。在沒有獲得自我認同的情況下，只能過著不完整的人生。

如果我們窺見了身上的陰影，卻驚慌失措地否認：「我才不會那樣，壞的是那個人。」像這樣假裝自己沒有黑暗的角落，一味地將陰影推到他人身上，不接受自身的弱點，只顧著防禦與合理化，那麼陰影的力量只會逐漸增強。我們應該覺察自己投射到他人和世上的陰影，並接納它就是一部分的自己。

治療不是為了創造好人，光明和黑暗兩者不可能獨存。我們接受治療不是想讓自己變得完美。治療的真實目的，是幫助我們發現內心的陰影，去覺察它，進而去擁抱、活用它的能量。

無視自己陰影的人，終究無法成為真正的自己。

心理治療也是一種設計

我知道這聽起來彷彿天方夜譚，不過我的夢想之一，就是當一名眼鏡設計師。每次看見符合自己審美觀、有著優美設計的眼鏡，我都會為之瘋狂。眼鏡，是我出國旅行必買的物品。

我曾去義大利波隆那度假數天，在街道巷弄間散步時，偶然看見一副擺在眼鏡行櫥窗的眼鏡。黑色薄醋酸纖維做成的光滑圓框配上鐵製鼻托，這樣的組合令我印象深刻，使我立刻買單。後來我到日本旅行時，日本眼鏡行店員告訴我，那副眼鏡是日本製。啊，飛了大老遠到義大利買回來的眼鏡，竟然是日本製造的。據說，日本很久以前就有專門製作眼鏡的工匠群居的村莊，我曾天馬行空地想過：「我要不要提早退休搬去那裡住，拜師學做眼鏡的技術呢？」

另一次是在南法的旅程中，我發現了一副上下邊框較長、褐色圓形粗框的眼鏡。「這跟勒・柯比意（Le Corbusier）*戴的眼鏡是差不多的設計呢！」深受吸引的我，刷卡買下了它。結果回來試戴，才知道這副眼鏡並不適合我，實在是太顯眼了，我根本不敢戴出門。現在它被當成我閱讀時的專用眼鏡，搭配放大鏡一起使用。

還有一次，某個涼風習習的夜晚，我在瑞來村散步時經過一家眼鏡店，發現了一副金銀雙色、相當好看的鏡框，我也是當場掏出私房錢購買。事後細看，才發現它原來是法國手工鏡框品牌Anne et Valentin。能在韓國的瑞來村邂逅法國製的眼鏡，或許也是一種命運吧。目前持續使用中。

我小學六年級就戴眼鏡了，戴眼鏡的歷史已超過三十年。我記得那時我說看不清楚黑板上的字，於是阿姨代替媽媽，牽著我的手去了眼鏡行。

*瑞士、法國雙國籍的知名建築師，是功能主義建築大師，被稱為功能主義之父。

被診斷是近視眼的時候，我莫名興奮，因為覺得功課好的聰明學生都會戴眼鏡，「要是我也戴了眼鏡，我的功課一定會更好！」雖然是幼稚的想法，但那時我真的這麼想。

也許我的童年幻想還在持續著，所以我才這麼愛買眼鏡。又或許眼鏡是我探求知識的投影。也可能是我認知中的自己並不聰明，才想用眼鏡彌補「不夠聰明」的自卑感。哪一種解釋是正確的並不重要，「我」的本質不會因為戴上有知識份子形象的眼鏡而改變。但是，如果戴眼鏡足以滿足我「嚮往的人生方向就是這個」的想法，那也夠了。優美的設計總能讓我想起內心深處的夢想，而我所配戴的物品，也體現出我認為的美麗，我深深喜愛它每一刻傳達給我的物性。

美麗的設計，呈現出人們渴求的另一面貌；相對地，我們覺得不好看的設計，不是因為視覺不美觀，而是因為它與我的理想有了衝突。

作品的「情致」，能深化和純化觀者的情感，使其不流於膚淺或廉價。

這樣的作品能梳理精神，一如音叉調校琴弦，使其振作而不至於鬆弛粗鄙。

——《藝術中的精神》，瓦西里．康丁斯基（Wassily Kandinsky）

眼鏡、椅子、檯燈、筆、馬克杯、香水瓶、手提包、手錶……無論是什麼，設計不只是美術作品的故事。世上所有經過設計的美麗事物，都能淨化我們的情緒、重新調節我們靈魂的音調。當然，設計夠好才辦得到。

既然優美的設計足以改變一個人的生命，那麼說設計師是治癒者也不為過。從設計師創造的作品得到感動的人，就能從中獲取「無論現實有多困難，都能朝向真正的自己邁進」的力量。說不定比起精神科醫師，設計者才是更經濟實惠的治癒者。支付精神科醫師昂貴的諮詢費，卻只能一到兩週才進行一次交流；而體現自我的設計作品，卻能一天二十四小時、一年三百六十五天放在身邊欣賞，撫慰著我們。

如果說設計的目標是將事物從脫離本質的虛假裝飾中解救出來，那麼設計也能被稱為一種心理治療。因為心理治療的目標，正是解救那些相信虛假自我是真實自我的盲從者。

如果設計是為了表露隱藏在事物中的固有美麗，那麼心理治療也能被稱為是一種設計。因為心理治療的目標，也是在幫助人們活出真實自我，而不是活成世上強求的模樣。這麼說來，我被稱為精神科醫師的同時，是不是也能被稱為設計師呢？

世上所有經過設計的美麗事物，都能淨化我們的情緒，重新調節我們靈魂的音調。

人生的訓練是無窮的

我馬上就要五十了，真是難以置信。不知道歲月是怎麼溜走的，也不知道我什麼時候邁入了四十多歲。我不是懷念年輕歲月，二十多歲的青春我過得毫無遺憾，當時的我巴不得住院醫師訓練趕快結束，對時間的流逝不曾感到惋惜。

而我的三十多歲則是混沌不明，人生航程和職業生涯皆不如我願。現在回首那段時光，真不知是怎麼撐下來的，為此我感到驚奇，彷彿不是自己的事而是他人的故事。三十出頭取得專業執照後，我入伍服役。在慶尚北道永川陸軍第三士官學校的艱辛訓練中，罹患了膝蓋關節炎；後來又因為在游擊訓練場的老舊宿舍睡了一晚得到肺炎，咳痰不止。經過三個月的軍官訓練後，甚至讓我在精神科實習期間快速增加的腹部贅肉迅速消失。

我當上軍醫的第一個服役地點是國軍大邱醫院，位於大邱市往慶山市的國道山腰旁。在此工作六個多月後，於二〇〇三年的深秋，我收到了派遣伊拉克的通知書。上有國防部長關防的命令來得措手不及，當時我正在韓國慶尚北道負責替有適應障礙或憂鬱症的士兵進行治療，收到命令時荒謬感遠勝於打擊。我問上級長官：「精神科軍醫這麼多，為什麼偏偏派我去？」他說：「沒辦法，要你去你就得去。」我甚至打給國防部人事負責人說明我的情形：「我女兒幾個月後就出生了，把我派去伊拉克，我的妻兒怎麼辦？」但得到的回應果然也是「沒辦法，要你去你就得去。」

接著二〇〇三年冬天到二〇〇四年春天，我在京畿道光州的特戰隊訓練所，接受了為期三個月的派遣部隊訓練。某個雪夜，我坐在演兵場一角的水泥階梯，抬頭望天空想著：「這種煩人的訓練何時才能結束？」

後來，我從韓國城南的首爾機場搭乘大韓航空包機，抵達了科威特某個不知名的美軍基地，再次接受訓練。主要是學習進入伊拉克駐地前的注意事項，以及萬一雙方意外交火的應對方案。我在伊拉克南部納希利亞的泰勒利爾基地服役三個月後，漸漸地對於聽到槍砲聲也不再震驚，不過此時韓國軍隊又被調往伊拉克北部的艾比爾駐地。因為是一個師團往新基地的大規模移動，所以抵達位於科威特的美軍基地時得再受一次訓練。這次受訓的主要內容包括：在沙漠中重新接受射擊訓練、碰到人員傷亡的應急措施，以及發生交火時，救護車與車輛該以什麼隊形集合等等。我在荒涼沙漠上的救護車裡坐著，暗自忖度：「這種煩人的訓練何時才能結束？」

退伍後，我回到過去受訓的醫院接受專業醫師訓練。我的三十多歲，就在取得博士學位的期間一點一滴地流逝。在我訓練、訓練、再訓練的時候，時間就這麼過去了。回想過去的人生，往往為了到達某個目的地，在沒有任何多餘的說明下，被迫啟動「離開」的冒險，而非自願踏上旅程。

一眨眼來到了四十多歲，如果問我，我的訓練結束了沒？答案是沒有的。人們或許會想，即將步入五十歲的人還不夠成熟老練嗎？如果對我的回答感到失望，我也沒辦法，因為直到現在，我仍然天天接受訓練。或長或短、或大或小的磨練及訓練，削弱了我的自我認同感，也改變了

「我」。藉由觀看、聆聽、感受，我日日打磨自己，並承受著努力可能會得不到回報、可能會引起他人誤會、可能會被愚蠢的話語欺騙，以及必須蒙受不可避免的種種痛苦。所以說，我至今仍在訓練中，只不過此刻的訓練沒有專人指導，而是我從滲入體內的親身經驗中學習。

想快轉的二十多歲、搞不清楚狀況就流逝的三十多歲，到現在四十多歲，我的人生訓練未完待續。以後的日子，我仍會過著像訓練般的生活。

此刻的訓練沒有專人指導，而是我從滲入體內的親身經驗中學習。

擺脫現在，尋找自我

我一年會到國外度過一、兩次短暫的假期。二、三十歲時，大部分的旅遊時間都耗在購物中心；現在年過四十，親近大自然的健行活動反而變多了。

我想再計畫一次冰島之旅，五天四夜的健行路線，以蘭德曼納勞卡為起點。前一次我走的是當天來回的路線，因為時間太短，沒能親眼目睹難得一見的大自然夢幻奇景。我還記得當時我穿過了綠苔和奇岩，走經冒出硫磺煙氣的河岸，沿著以奇妙比例混雜的橘黃色和灰色石山往下走。被白雪和結冰覆蓋的圓潤山巒連綿，穿過山巒之間的路走下去，一條又寬又長的冰川出現在眼前。僅一條健行路線就結合了多樣化的電影風格，浪漫、動作、愛情喜劇，還有紀錄片的元素都到齊了。

我穿著登山鞋，像施展輕功一樣在草上飛，跳過一個個石頭。走到一半卻忽然下起大雨，雨水反覆沖刷泥路使得路徑消失，我只好在水中嘩啦啦地行走。就這樣，我在蘭德曼納勞卡的大自然中任意穿行，直至還像是白天的夜晚才返回營地。

一回到營地，我不顧旁人視線，躲到車後就脫下登山服、換上泳裝，跳入露天溫泉。一群英國高中生聚集坐在池塘般的溫泉圓坑中，聊著無趣的笑話；溫泉出水口前，則坐著一對靜靜望著天空的男女。我也跟著坐下，希望能再下點雨，因為我想一邊望著藍天一邊淋雨。

這種想像，彷彿讓我回到小時候坐在外婆家後院，看著打在屋簷上的雨點；我也想起了每逢雨天，我就耍賴不換衣服，不上幼兒園；還想起學生時代考試沒考好，故意走在雨中的模樣；還有，蹺掉鋼琴補習班的課，偷跑到社區遊樂場玩耍卻被雨淋成落湯雞，謊言也被揭穿。直到現在，週日傍晚如果下起雨，總會令我多愁善感，一如青春期的憂鬱。

從遠方來到冰島的我，想起了過去的我；然而我卻和凹凸不平、奇形怪狀的自己，變得更親近了。轉兩次機、十二個小時的飛行，在公路上奔馳三小時後，再於沒鋪柏油的道路開上近兩小時車程才抵達的地方，我竟然在此處重新找回沉澱在我離去的地方與意識下的自我。

人類的存在果然是個諷刺！離開了，才想念來處；離開了，才看見自己是誰。拔了根飛向遠方後，才追逐造就我的根、挖掘我的心。

比起改變心意，我相信更有效的心理治療是改變我們身處的空間。我這麼說並不是貶低心理治療，而是因為人心很難改變，它不像樂高輕輕鬆鬆就能拆開重組。況且，重組「我」需要花很長的時間，而且沒有組裝設計圖；更重要的是，我們很難準確得知重組的成品會變成怎樣。

不過，如果能改變我的所見所聞、所接觸的與嗅聞的，「我」這個人也會因應這些變化而有所改變。就像宣紙浸水會慢慢地變化一樣，不用刻意去改變它，這種變化是真正的變化。比起刻意策劃與裝飾，無意識地、順其自然地，像被引發共鳴般的改變，才是真正的變化。也許我為了找尋讓眼睛為之一亮的新景象，甘願忍受鬱悶的經濟艙，戰勝睏意開著長途車的原因，就是為了找尋我自己，改變我自己。

比起改變心意，我相信更有效的心理治療是改變我們身處的空間。

我們能夠美麗的理由

定期連載的專欄、已簽約尚未動筆的工作、只打了草稿還沒寫完的稿子……我偶爾會自責：「你到底哪來的膽子闖出這麼多事！」我明明不是職業作家，也不是暢銷作家，卻年年出書，每次看到艱澀無味的文字被印到紙上時，總會想著：「我是不是多此一舉了？」不知為何有點像「做錯事」一樣的難受。我自問寫作的真正動機，我到底為何而寫？

某次，我上了一個Podcast節目時，說了這句話：

「出書是我的興趣與愛好。」

我還記得我上大學才買下人生第一臺文書處理器。在紙上打滿密密麻麻的文字，這種滿足感與樂趣真的很棒，所以我經常熬夜打字。我一直相信要真正表達我的思維，不該靠言語，而是要靠文字。我身邊的醫師有些會用言語展現「帥氣感」，有些會用論文和專書表達自己的想法。我偏好後者，也想成為後者。有陣子我很認真地寫論文，但某一天我突然醒悟，寫給大眾看的文章能帶給我更大的快樂。從那之後，我每年會出一、兩本書（儘管過程折磨），出書從此變成我的興趣與愛好。

我出書的另一個理由是，我怕不出書，我會變成自己討厭的那種人。我攻讀精神科學位時，曾遇見不親自寫論文、全靠一張嘴說得天花亂墜的人。我立志不讓自己成為那種人。多年來的心理諮商經驗給我的體悟是，一個人如果在越年輕時就靠一張嘴混飯吃，那麼年紀大了以後就越容易死鴨子嘴硬，事事堅持自己是對的，吵架不讓步。我不想變成那種人。但說到底，我終究是靠著坐在桌前聽人說話賺錢。上課、上電臺或電視節目，也是靠「說話」賺取出演費，全都是靠嘴巴做的事。雖然我會學習、會進行研究，但靠嘴巴的工作不會有結束的時候。礙於種種因素，我決定投入肉體勞動來創造具有物理特性的成品，其中之一就是親自打稿、出書。我覺得這樣做能讓我稍微擺脫「靠嘴吃飯」的愧疚感。排除上述原因，我內心深處還有一個令我寫作不輟的原因。

在寫第一本書的時候，我想著：「再怎麼強調自己的人生很美好，終究是以死亡告終。人生，就是會化為虛無。能夠克服現實侷限的，只有留下文字一途。」我希望我死後，女兒能通過文字理解我的想法。我想留下即使我消失在這世上了，也不會跟著消逝的事物。簡單來說，雖是陋文拙作，但我仍舊持續出書的理由，就是那份「不想消失的渴望」。縱然有一天我消失了，某樣屬於我的事物也不會消失。我想創造那樣的東西。

廣播節目《獻給忘記姜瑞恩夜晚的你》（강서은의 밤을 잊은 그대에게，暫譯）的主持人，每週都會回答聽眾問題，用音樂替他們開處方。我偶爾會想起該節目的製作人說過的話。

我問製作人：「為什麼喜歡廣播？」

她回答：「我喜歡廣播會消失的特性。」

她說文字不會消失，是永遠存在的，所以很令人傷腦筋。萬一留下難看的文章或日後會後悔的內容，就會很煎熬。

「但是廣播不是會消失嗎？就是因為這樣才美麗。」

是啊，因為會消失，所以美麗。消失使它美麗。

我腦海突然浮現《在火山下》中讀過的內容，於是翻開很久沒打開的書，找出了這段話。

假使東京遇上了毀滅性的大地震，只有自己家躲過祝融也沒有崩塌，這是好事嗎？這是個值得深思的問題……不妨想像在一片焦黑的瓦礫中，只剩下自己一間房子的光景。周圍屍橫遍野，只有自家人毫髮無傷，連家具裝潢也沒有遭到損害。這樣的景象恐怕誰都無法承受。

隨著時間的流逝，雖然會發生意想不到的事，但如果沒有隨著時代變遷而變化，仍舊維持原樣地存在，這真的是件好事嗎？我們遺忘了消失才會美麗的道理，只因個人欲望，明知是醜陋的東西也堅持留下，這不正是我們痛苦的原因嗎？世上萬物在經歷毀壞、倒塌、崩落到最終消失後，才能成為美麗的記憶，不是嗎？

——《在火山下》，松家仁之

明知是醜陋的東西也堅持留下，這不正是我們痛苦的原因嗎？

完成名為「我」的人

如果要我選一本百讀不厭的書，首選絕對是《道德經》。由吳剛男教授翻譯、玄岩社出版的《道德經》，我讀過很多遍。第一次讀這本書是當上精神科醫師的時候，醫院早會開始前我會看一、兩頁，工作的空檔也會看。當軍醫時，更是一有空就從頭抄寫到尾。

開始讀這本書的契機是因為榮格，因其分析心理學經常提到《太乙金華宗旨》*和《道德經》，於是我自然而然地找來看。我反覆閱讀《道德經》後有了這種想法：原來榮格的分析心理學也不過是《道德經》的變奏，或說其八、九成的內容離不開《道德經》的核心。

對我來說，《道德經》就像聖經或佛經一樣，是我案頭的常備書。我從中隱約看見能更接近人生、生命以及人之本質的路（如果真的有這條路的話）。即使是我的錯覺也罷，我確實有能走到那條路的感覺，雜亂無章的心因而得到了整頓。

榮格所說的「自我」（Self），和《道德經》說的「道」是一樣的，也許有人會反駁說：不能因為兩者含有相同意義或相似概念，就斷言它們是「一樣」的。然而，在我看來它們確實是一樣的。榮格所謂的「自我的概念」，實是源自《道德經》中的「道」（雖然他否認）。

榮格說的「自我」，不是我們能夠簡單表述的「我」。所謂「自我」，指的是個人走向成熟的最終目標，是統合的完成體，達成真正自我的「個體化」（Individualization），也就是「自我實現」（Self Actualization）。自我

＊中國清代有關內丹術的道教經典，作者不詳。二十世紀初，經德國漢學家衛禮賢（Richard Wilhelm）翻譯出版後傳入西方世界。榮格更與衛禮賢合作出版德文譯注本《金花的祕密：中國的生命之書》，《太乙金華宗旨》由此聞名於世。

實現的定義，就是覺察自我的陰影，整合阿尼瑪和阿尼瑪斯*，並認知到存在於深層潛意識中的「集體潛意識」（Collective Unconscious）也是「我」的一部分；藉此獲得自我認同感，擁抱「我」內心的黑暗與光明、善與惡、優點和缺點，不否定或排除任何東西，通過所有的一切得以完成「我」。

《道德經》所說的「道」，與榮格的主張毫無二致，反而是比榮格的「自我」更廣博的概念。《道德經》指出好壞、大小、高低等各種判斷都是出自人為的比較，是人類創造出的相對概念而已。人無法靠理性、判斷和邏輯實現「道」。這世上沒有任何事物不是相對的，「道」就是整合這一切而實現。

我讀過德國製琴師馬丁·施萊斯克（Martin Schleske）的著作《聲響與圖像》（*KlangBilder*，暫譯）。他將製作、修理小提琴得到的感悟，像詩一樣地詮釋出來並出版成冊。我喜歡實踐工匠精神的人。這樣的人為了提高完成度，會反覆鑽研同一件事，於過程中不斷打磨自己，最終讓自己也像創造出來的作品一樣，逐漸成為一件藝術品。走上這條路的人，就是具有工匠精神的人。他們站上拳擊場就不會輕易下場，他們是就算跌倒、挨打、賽事無人關心，也會堅持「留在場上完成比賽的拳擊選手」。借用村上春樹的說法，「匠人」不是靠著一次的人氣作品就能一輩子不愁吃穿的名人，而是畢生奉獻給工作、完成自我的人。

> 人生在世，都有自己的固有價值，因此我們必須自重。我們可以成為成熟的人，但無法成為完全不同的人。我們要相信並接受自己本來的面貌，逐漸地成為更好的人才行。
>
> ——《聲響與圖像》，馬丁・施萊斯克

＊根據榮格的分析心理學，「阿尼瑪」是男人內心中無意識的女人性格與形象的一面；「阿尼瑪斯」則是女人內心中無意識的男人性格與形象的一面。

讀著《聲響與圖像》這種書，就算不另外學榮格的心理學、沒多看幾次《道德經》，每個人也會在獻身於各自使命的過程中，自然地體悟到人生真理。《聲響與圖像》這本書也警告那些企圖靠學習和理智去領悟真理的人：「許多人的智慧多於行動，宛如一棵淺根的樹木，風一吹，就會被連根拔起而倒下。」施萊斯克主張，人生本質不能由理性獲得，「也許人生本質不是用我們的理性能了解的，需要的是出其不意的奇襲吧？今日的奇襲，將敲開你的心靈之門。」

所謂「智慧」，原來就是「出其不意的奇襲」啊！這是多麼帥氣的形容。那我們該怎麼做，才能獲得智慧呢？要不斷地與現實碰撞，把自己投身使命中。自我、世界或人生給我們的使命就是一種作業，在解決作業的過程中所獲得的就是智慧。完成自我，不是專注於讓自己變得完美，而是在追尋自我使命的過程中水到渠成的。

榮格所說的「自我」，以及老子《道德經》說的「道」，靠著努力都是到達不了的。即使永遠無法到達，我們仍然要為了「完成自我」不斷地前進才行。

一心想讓自己變得完美、對稱、無瑕，是沒有意義的；相反地，唯有接納人本來就不完美、是有著瑕疵的存在，我們才能產生自己獨有的和諧之音。

潛藏人生真理的書都是相通的，無論是頌揚「道」或暢聊「小提琴」的書。雖然對象不同，但它們談的人生本質是一樣的。

完成自我，不是專注於讓自己變得完美，而是在追尋自我使命的過程中水到渠成的。

繼續走在自己的道路上

我沒有特定信仰，所以偶爾會因患者問起宗教信仰而為難。信仰深的人必定會這麼說：

「如果不是宗教信徒，一定無法理解我說的……」

確實是，我怎麼可能理解宗教觀念根深蒂固之人的內心呢？

我讀過佛經和聖經，但我不想把自己侷限在特定宗教上。不過，我也不是無神論者。

世間萬物或涉及人的事，絕對有「沒有神」就無法解釋的事。有些事，我們不得不接受是神的安排。神必須是存在的，否則我們無從解釋為何現實中會發生奇蹟一般的事；如果神不存在，這根本是不可能發生的事。在看見或經歷過那些事之後，我相信「神一定得存在」。而且，偶爾也會遇到你只能相信一切冥冥之中自有天意的瞬間。
天意啊（Maktùb）*！我能做的，只有繼續走在神決定好的道路上。

世間萬物或涉及人的事，絕對有「沒有神」就無法解釋的事。

*阿拉伯語，近似於「命運」、「注定」的意思。

該怎麼處理心的傷痛？

「我想被愛。」

我今天進行了一整天的諮商，聽了三位來談者說出一樣的話。他們都是健康的二十幾歲名校畢業生或在學生，以世俗的標準來看，都具有被人喜愛的條件。學歷好，即使不是富裕人家，至少也是小康家庭出身；有著吸引同齡人的魅力，能言善道、表情豐富，外表還十分俊秀。撇去憂鬱症嚴重時不說，他們更懂得時尚打扮。儘管如此，他們卻還是哭著說：「我想被愛！」

是因為傷痛，那些心的傷痛還沒癒合。每個人都有自己的傷痛，可能是母親忙於工作，沒時間照顧自己而感到疏遠；可能是父親酒後會施暴；

可能是青春期被朋友們嘲笑肥胖而留下的傷。此刻在「我想被愛」的哭訴下，所有的傷都凝聚在一起了。迫切想被愛，是因為心在哭喊著「我太痛了」，是不想再受傷的吶喊。

面試落榜、被職場上司批評工作成就，或是向一見鍾情的女孩送上表達心意的小禮物卻被冷漠拒絕後，像孩子一樣流淚說：「我也想被愛。」每次被否定或被拒絕時，心的時鐘就會回到過去受傷的那一刻，而苦惱著：「如果那時我得到了充分的愛，就不會因為這種事而倒下；如果過去沒受到那種傷害，現在我就會成為有自信且感到幸福的人。」然後就認為……「我這一生都出錯了！」

拜託，千萬不要輕易說出這種話。即便不套用尼采「永恆輪迴」（Ewige Wiederkunft）*的概念，負面看待這輩子的人，下輩子（雖然不知有沒有）是不可能變得積極的。我們要為現在的人生全力以赴。沒有哪種

---

*假定宇宙會不斷以相同形式循環的觀念。

人生是錯的，不能因為自己的人生出現瑕疵、走錯了路、不如意了，就跌坐在地。我們能做的，只有每一個瞬間都竭盡全力，不愧對自己。因為不滿意已經過去的時間而否定未來被賦予的時間，是最愚蠢的事。

「我不知道該說什麼。」

當來談者猶豫地說「我不知道該說什麼」時，我固然負有最大的責任。我應該要讓來談者放心地暢所欲言，可能是我做得不夠好——即便我也沒做出會讓來談者特別抗拒的事。每當諮詢開始，來談者卻一言不發時，室內就會充滿尷尬的氣氛。我很清楚來談者因為種種因素而難以開口，最大的原因就是來談者的心，被病態地凍結在過去某一處。

遇到這種時候，我會這樣說：

「只要是和你有關的，想說什麼都可以。你經常有的想法、喜歡的東西、自己的信念、日常中的感受或記憶與經驗，什麼都好。把關於你的故事聚集在一起，慢慢累積起來，你自然會知道自己是誰，所以不要有壓力。只要是和你有關的事都好，請說說看吧。」

每個人說出口的話，無論是什麼，只要是和自己有關的，就是珍貴的。不一定非得聊過去、聊父母或心理創傷之類的。你可以聊聊，我怎麼度過一天、我常常陷入什麼樣的幻想、我喜歡什麼，這些故事對於了解「你」是誰，「你」的心朝向何方，都是珍貴的參考依據。聊不可能實現的願望，或是關於夢想的故事也很好。把這些故事聚集起來，據以揣測複雜的內心，就是諮商的任務。

比起遙遠的往日回憶，我反而更珍惜現在，以及即將到來的、關於未來的故事。不過這不意味著我不重視過去，或說過去不重要。我會這樣說，是因為我相信有關未來的故事，會改變人的心靈和行動。而過去的傷痛，則像咀嚼了太久、甜味盡失的口香糖。如果想要擺脫憂鬱、找回活力，與其反覆咀嚼過去的傷痛，用語言描繪即將到來的未來更重要。

藉由描述即將成為過去的現在，以及即將成為現在的未來，我們得以繼續向前走。為了過著美麗的人生，我們需要一個屬於自己的故事，好讓我們無論受多少傷都能繼續活下去。我們依循著那個故事行動與成長。那就彷彿是一個被拋棄而受傷的孩子，踏上沒人走過的道路，過程中他跨越障礙物、擊敗妨礙者，最終成為戰士的故事。

「我」的故事，就像戴歐尼修斯（Dionysus）*一樣，可能是敞開心懷、追逐欲望而活；也可能像普羅米修斯（Prometheus）**一樣，用自己的力量改變世界；也可能像賢者一樣，在現實中退一步，從高處眺望人生，探索智慧。我們必須在逆境中生存，在世上尋找到自己的位置，完成獨一無二的、關於「我」的故事。一個人對自尊高低的感受，也是取決於是否擁有一個關於自己的具體故事。幸福的人，能夠描述創傷在自己的生命中有著什麼樣的意義。

傷痛不會消失，它會留在心底，成為告訴我們「我是誰、我喜歡什麼、我為何而活」的信號。那個信號不是美妙的音樂，而是需要付出代價、震耳欲聾的警笛聲，如此才能使我們理解其意義。傷痛會創造目標。不被愛的傷痛，會驅動「想要被愛」的我，讓我努力使自己成為值得被愛的人，並成長到足以和他人分享愛。

最近，來接受諮商的年輕來談者們分享的故事，簡直就像公式一樣。

「我想變得幸福。」

「為什麼我感覺不到幸福？」

「我的自尊低落，如果能提高自尊，好像就能變得幸福。」

＊古希臘神話中的酒神，象徵人類的本能欲望與對於本性的追求。

＊＊古希臘神話中，泰坦神族的神祇之一，為人類盜奪天火，觸怒宙斯，日日承受被惡鷹啄食肝臟之苦。多被用來象徵人類對抗自然力量的聰明與進步。

如果我問：「你覺得自己自尊低落的原因是什麼？」接著就會聽到「我小時候如何如何」，關於各種心靈受創導致自尊低落的童年故事。他們總說，如果沒有那份傷痛，就能成為高自尊的人，現在就能過著幸福的生活了。真的是這樣嗎？痛苦與其延伸的記憶，會銘刻在大腦的海馬旁迴*，留下永不磨滅的痕跡。每當回憶浮現，大腦扁桃體就會作用，讓人重新體會到過去的經歷。額葉會想辦法安撫，「不要不安，沒關係」，可是已經作用發熱的扁桃體卻不會輕易冷卻。如果因為過去使得現在的我不幸福，因為過去的傷痛使得現在的我自尊低落，那麼不管時間過去多久，我也無法提高自尊，更不會變得幸福。

雖然有很多提高自尊的方法，但真相只有一個，那正是「接受本來的自己」，這叫「接納」（Acceptance）。傷痛、自卑、失誤和失敗的記憶，以及讓人想視而不見的內心醜陋，請擁抱它們吧！為了提高自尊而深掘過去的傷痛不會有任何效果，我們不可能真的徹底消除自卑感，即便做到了，自尊也不會因此提高。想擺脫過去的創傷，就必須原原本本地接納傷痛，不要努力消除它。糾纏於創傷，就無法從傷痛中自由，除了默默地收存傷痛，我們別無他法。

接納傷痛當然不簡單，很多時候理智上我們知道該這麼做，但內心就是做不到。老實說，我也常常做不好。作為精神科醫師，雖然我嘴上說著「接納自己吧」，但很多時候我也很討厭自己。儘管我下定決心要愛護「本來的我」，我卻還是討厭自己矮人一截的身高，以及平凡又粗糙的長相，而懷著不公開（到死都會藏在心底）的傷痛，裝得若無其事地生活。

＊環繞海馬迴的大腦皮層灰質區，在記憶儲存和調取的過程中扮演重要角色。

「醫生，我有相愛的人了，我開始談戀愛了。」

「我有了非常想做的事，現在正著手進行呢！」

每每聽到這樣的話，我就會覺得「他們真的擺脫了憂鬱症，現在要過自己的人生了！」來談者不是說「我不憂鬱，睡得很好，現在不痛苦了」，而是說「我有了相愛的人，我開始做某件事了」，這才會讓我有信心地覺得「他們終於擺脫創傷了啊！」真正的治癒，不是感覺不到創傷，而是雖然傷還是很痛，但能說出自己有相愛的人、有開始做事的動力，這就是治癒。

不是努力消除傷痛，而是要放下自我、勇於承諾（Commitment）加諸在自身的使命，這樣才能提高自尊。藉由接納和承諾，使名為「我」的人，變得比昨天更成熟。閱讀提高自尊的書或解練習題，並不能提高自尊。當我們（雖然是痛苦地）接納被賦予的人生條件，並為此奉獻時，自尊就自然地提升了。雖說要愛自己才能變幸福，但比起愛自己，把愛分享給他人、為愛的人犧牲，才會真正地變幸福。

所謂美麗人生，是向世人們不斷地付出某些行動時才能開墾出來的東西；是我們從制高點盡覽人生和世界，為了成為真正的自己，而不斷努力提升潛力這件事本身。

傷痛不會消失，它會留在心底，成為告訴我們「我是誰、我喜歡什麼、我為何而活」的信號。

脆弱也沒關係，好好療傷的溫柔練習：從接納到拯救自己，給總是受傷的你／
金昞秀（김병수）著；黃莞婷譯. -- 初版. -- 臺北市：日月文化出版股份有限公司，
2022.08，224面；14.7×21公分. --（大好時光；59）
譯自：상처는 한 번만 받겠습니다
ISBN 978-626-7164-13-6（平裝）

1. 心理諮商 2. 心理治療

178.4　　111009090

大好時光 59

脆弱也沒關係，好好療傷的溫柔練習

從接納到拯救自己，給總是受傷的你

상처는 한 번만 받겠습니다

作　　者：金昞秀（김병수）
譯　　者：黃莞婷
主　　編：藍雅萍
校　　對：藍雅萍、郭昭君
封面設計：之一設計工作室
美術設計：尼瑪

發 行 人：洪祺祥
副總經理：洪偉傑
副總編輯：謝美玲
法律顧問：建大法律事務所
財務顧問：高威會計師事務所
出　　版：日月文化出版股份有限公司
製　　作：大好書屋
地　　址：台北市信義路三段151號8樓
電　　話：（02）2708-5509　傳　　真：（02）2708-6157
客服信箱：service@heliopolis.com.tw
網　　址：www.heliopolis.com.tw
郵撥帳號：19716071 日月文化出版股份有限公司

總 經 銷：聯合發行股份有限公司
電　　話：（02）2917-8022　傳　　真：（02）2915-7212
印　　刷：軒承彩色印刷製版股份有限公司
初　　版：2022年08月
定　　價：320元
I S B N：978-626-7164-13-6

상처는 한 번만 받겠습니다
I Will Never Get Hurt Again

Originally published in Korea by Dal Publishers

Published by arrangement with Dal Publishers through Arui SHIN Agency & LEE's Literary Agency

日月文化集團
HELIOPOLIS
CULTURE GROUP

客服專線 02-2708-5509
客服傳真 02-2708-6157
客服信箱 service@heliopolis.com.tw

廣告回函
台灣北區郵政管理局登記證
北台字第 000370 號
免貼郵票

日月文化集團 讀者服務部 收

10658 台北市信義路三段151號8樓

對折黏貼後，即可直接郵寄

日月文化網址：**www.heliopolis.com.tw**

最新消息、活動，請參考 FB 粉絲團

大量訂購，另有折扣優惠，請洽客服中心（詳見本頁上方所示連絡方式）。

大好書屋　寶鼎出版　山岳文化

EZ TALK　EZ Japan　EZ Korea

大好書屋・寶鼎出版・山岳文化・洪圖出版　EZ叢書館　EZ Korea　EZ TALK　EZ Japan

日月文化集團
HELIOPOLIS
CULTURE GROUP

感謝您購買 脆弱也沒關係，好好療傷的溫柔練習

為提供完整服務與快速資訊，請詳細填寫以下資料，傳真至02-2708-6157或免貼郵票寄回，我們將不定期提供您最新資訊及最新優惠。

1. 姓名：＿＿＿＿＿＿＿＿ 性別：□男 □女
2. 生日：＿＿＿年＿＿＿月＿＿＿日 職業：
3. 電話：（請務必填寫一種聯絡方式）
（日）＿＿＿＿＿＿（夜）＿＿＿＿＿＿（手機）＿＿＿＿＿＿
4. 地址：□□□＿＿＿＿＿＿＿＿
5. 電子信箱：＿＿＿＿＿＿＿＿
6. 您從何處購買此書？□＿＿＿＿＿＿縣/市＿＿＿＿＿＿書店/量販超商
□＿＿＿＿＿＿網路書店 □書展 □郵購 □其他
7. 您何時購買此書？ 年 月 日
8. 您購買此書的原因：（可複選）
□對書的主題有興趣 □作者 □出版社 □工作所需 □生活所需
□資訊豐富 □價格合理（若不合理，您覺得合理價格應為＿＿＿＿）
□封面/版面編排 □其他＿＿＿＿＿＿
9. 您從何處得知這本書的消息： □書店 □網路／電子報 □量販超商 □報紙
□雜誌 □廣播 □電視 □他人推薦 □其他
10. 您對本書的評價：（1.非常滿意 2.滿意 3.普通 4.不滿意 5.非常不滿意）
書名＿＿＿ 內容＿＿＿ 封面設計＿＿＿ 版面編排＿＿＿ 文/譯筆＿＿＿
11. 您通常以何種方式購書？□書店 □網路 □傳真訂購 □郵政劃撥 □其他
12. 您最喜歡在何處買書？
□＿＿＿＿＿＿縣/市＿＿＿＿＿＿書店/量販超商 □網路書店
13. 您希望我們未來出版何種主題的書？＿＿＿＿＿＿
14. 您認為本書還須改進的地方？提供我們的建議？

生命，因**閱讀**而**大好**